램, 널 만난 건 행운이야

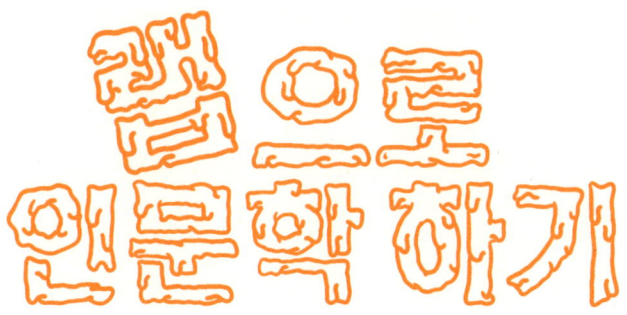

박하재홍 지음

청소년 독자들이 남긴 글

인문학과 힙합의 연관성에 대해 호기심을 가지고 읽었어요. 소외 계층의 인권과 그들의 목소리를 담은 장르가 바로 힙합이며, 다양한 문제의식을 반영한 랩을 통해 사회의 변화를 이끌 수 있다는 점을 깨달았습니다.
(제주도 서귀포 대정고등학교 2020)

읽다보니 흥미가 생겨 랩으로 독후감을 써볼까? 그래 한 번 써보자 못할 것도 없잖아. 박자는 이상하고, 내용은 들쭉날쭉, 내 머릿속은 뒤죽박죽. 시를 쓰는 건 아주 잠깐 하는 흥미, 여기서 더 늘어나는 또 하나의 흥미는 랩을 쓰는 것이지.
(경기도 수원 청명중학교 2019)

중간 중간 나오는 짧은 랩들 덕분에 지루하지 않았지만, 가끔은 랩으로 전해지는 뜻이 마음 아픈 것도 있었어요. 그 덕분에 미국의 역사까지도 알게 되었어요. QR코드로 정리해 놓은 곡들도 자주 들어볼게요.
(경기도 수원 청명중학교 2019)

그동안 '쇼미더머니' '고등래퍼' 등의 랩 경연프로그램을 보면서 '랩 = 디스'라는 고정관념이 박혀있었습니다. 하지만 '랩 = 피스를 위한 것' 또 자신이 내 뱉은 랩은 책임을 져야 한다는 사실을 새롭게 알아 통쾌했습니다.
(경기도 수원 수원중학교 2019)

비유적 표현이 마음에 와 닿았습니다. 각자의 재능은 발전기와 같다는 말에 그동안 재능이 없다고 비참하게 생각한 나를 다시 돌아볼 수 있었어요.
(강원도 원주 대성중 2017)

작가의 강연을 듣고 책을 읽으니 강연 때 모습이 겹쳐보여서 즐거웠다. 본문 사이사이 랩 가사를 리듬을 타며 읽기도 하고, 책에 나오는 노래를 하나씩 감상하니 이해하기 쉬웠다. 랩은 누구나 할 수 있다. 이제 못한다고 두려워하지 말아야겠다. 이책은 '너도 할 수 있어'라고 말해주는 것 같다.
(서울 광남고등학교 2017)

흥미로운 랩의 역사와 랩 속에 담겨있는 의미를 알 수 있어 좋았다. 랩은 마냥 거칠기만 하다는 나의 생각을 완전히 바꿔 놓았다.
(강원도 춘천 봉의중학교 2016)

랩은 뛰어난 실력을 갖춘 전문가들만이 할 수 있는 것이라고 알고 있었는데 남녀노소 누구나 즐길 수 있다는 것을 깊이 깨닫게 되었다.
(강원도 춘천 춘성중학교 2016)

내가 평소 어렵다고만 생각하던 인문학이라고 해서 너무 걱정할 필요는 없었다. 공감할 수 있는 이야기였고 우리의 소소한 이야기들이 엮여있다.
(강원도 춘천 춘성중학교 2016)

노래를 잘 못 불러서 가창 시험도 두려워했던 이분이 래퍼가 된 게 놀랍고 존경스러웠다. 래퍼들이 너무 상대방을 디스하지 않고 존중과 이해가 담긴 랩을 했으면 좋겠다.
(강원도 양구 용하중학교 2022)

들어가며

랩으로 피어나라

일곱 살 때부터 마이클 잭슨을 좋아했던 나는 초등학교 시절에도 대중가요를 즐겨 부르곤 했다. 음이 맞거나 말거나 일단 부르기만 하면 친구들이 신기해했다. 그 맛에 마냥 으쓱대며 촐랑거렸다.

노래를 잘한다는 착각은 5학년 때 깨졌다. 음정이 맞지 않는 노래 실력을 친구들이 알아차리고 만 것이다. 난 음치였다. 노래를 부르면 웃길 수는 있어도 칭찬받기는 어려웠다. 가창 시험의 공포에 시달리기 시작했고, 음치의 비운은 청소년기 내내 지속되었다. 나는 노래를 포기하고 춤에 집중했다. 고등학교를 졸업할 때까지 교실 뒤편에서 춤 연습을 즐기고, 스무 살엔 거리의 춤꾼들에게 춤을 배우기 위해 주말마다 서울 마로니에 공원을 찾았다.

춤을 추기 위한 노래에는 대부분 랩이 섞여 있었다. 나는 랩을 무척 좋아했다. 랩이란 랩은 종이에 적어 죄다 외웠다. 대중음악도 이것저것 깊이 있게 들렸다. 그래도 직접 음악을 한다거나 래퍼가 될 생각은 꿈도 못 꾸었다.

그때 추었던 춤은 터보의 〈트위스트 킹〉, 듀스의 〈나를 돌아봐〉, 박진영의 〈허니〉 등 온통 인기 가요 일색이었다. 반면 내 가방 속 음반들은 인기 가요와는 한참 거리가 멀었다. 누구나 즐겨 듣는 가요에는 만족할 수 없었기 때문이다. 대중음악 비평가들이 추천하는 음악을 열심히 찾아 들었고, 전문 음악 잡지들을 탐독했다. 어설픈 춤꾼의 마음 한구석에선 음악가에 대한 환상이 모락모락 피어나고 있었다.

스무 살의 가을, 마음속에 품었던 환상은 현실이 되었다. 긴 머리의 고등학교 동창이 검정색 베이스 기타와 전기 앰프를 단돈 3만 원에 넘긴 것이다. 얼마나 고마웠던지 그의 먼지 쌓인 방을 구석구석 청소해 주며 즐거워했다.

이후 친구와 나는 서울의 언더그라운드 클럽을 뻔질나게 돌아다녔다. 뒤늦게 대학 스쿨밴드 동아리에도 가입했다. 연주에 빠져 있느라 학사 경고의 위기가 코앞까지 닥쳐왔지만 베이스 기타만 봐도 행복한 1년이었다.

기타 연주 실력은 날로 탄탄해져 갔다. 그러나 딱 기본기까지였다. 음감이 부족한 나에게 뛰어난 재능은 없었다. 빈곤한 재능으로 열의만 넘치는 예비 음악가였다. '에잇, 음악은 안 돼.' 하면서 음악을 포기하려는 찰나, 언더그라운드 힙합이 날 사로잡았다.

언더그라운드 힙합 세계에는 자신의 생각을 랩으로 표현하는 래퍼들이

있었다. 거리에서, 클럽에서 공연은 계속되었다. 평소 글쓰기를 좋아하고 노래방에서 랩만 골라 불렀던 나는 그들처럼 잘할 수 있을 것 같았다. 공연을 보러 가면 자꾸만 이런 생각이 들었다. 내가 저 마이크를 잡아야 하는데….

언더그라운드 래퍼들이 모여 있는 랩 동호회에 껴들어 보려는 심산으로 혼잣말로 랩을 중얼거리고 공책 위에 이런저런 가사를 끼적여 보던 즈음, 아뿔싸! 군 입대 영장이 날아왔다.

군대 생활은 썩 유쾌하지 않았지만, 래퍼가 되기 위한 의지만은 강하게 해 주었다. 군 복무를 마치자마자 발 빠르게 움직였다. 아르바이트로 생활비를 충당하며 컴퓨터 음악을 배우고 랩을 써 내려갔다.

이제는 공연할 수 있는 곳이 필요했다. 나는 거리가 좋았다. 춤도 거리에서 췄고 힙합은 거리에서 해야 제맛이라는 나름의 철학이 있었다. 대학은 미련 없이 그만뒀다. 처절한 수학 점수를 뛰어난 국어 점수로 메워 공대에 들어갔으니 처음부터 꼬였던 일이다. 대학을 포기하니 자유로웠다. 공연과 일을 병행하던 참에 운 좋게도, 스물다섯 살에 정식 직장을 얻었다.

나의 첫 직장은 사회적 기업인 '아름다운가게'다. 이제 막 서울에 1호점을 열었던 아름다운가게에서는 특별한 일꾼을 찾고 있었다. 트럭을 개조해 가게처럼 꾸미고 재미난 야외 행사를 기획하는 '움직이는 가게' 담당이 필요하단다. 나랑 잘 맞을 것 같아 냉큼 지원했다.

내가 직접 만든 입사 지원서에는 한 줄의 학력도 채우지 않았다. 대신 얼굴 사진을 대문짝만 하게 넣어 잡지처럼 꾸몄다. 거리에서 랩도 하고 전통 과자를 팔아본 경험도 있다고 하니, 면접관들은 호기심 어린 눈빛으로 질문을 쏟아냈다. 경쟁률은 30대 1. 거리의 래퍼를 상대할만한 지원자는 아무도 없었다.

아름다운가게에서 일한 건 행운이었다. 남들 말로는 월급이 적다고 하는데, 나는 퇴근하면 랩 연습하고 공연 다니느라 씀씀이가 적었다. 교통비와 식비 외에 큰돈은 들지 않았다.

무엇보다 음악 생활을 지지해 주는 아름다운가게 덕분에 힘이 났다. 힙합 바지에 귀걸이를 하고 출근해도 "래퍼니까 괜찮아."라며 선심을 베풀었다. 고마워서 더 열심히 일했고, 일하면서 얻은 경험이 가사를 쓰는 데 바탕이 되었다. 몇 년 후 아름다운가게 헌책방 책임자로 일하게 되면서부터는 인디 음악가를 책방으로 초청해 작은 음악회를 열곤 했다.

직장 생활과 음악 생활 둘 다 활기찼다. 한 가지 못마땅했던 건 바로 보잘것없는 나의 랩 실력. 보통 사람 앞에서야 극찬을 받더라도 랩 고수들 앞에서는 어림없었다. "형편없는 래퍼들은 사라져 버려." 뭐 이런 식의 가사가 난무하는 곳이 힙합이란 정글이다. 마음에 식은땀이 흘렀다. 짧은 혀 때문에 발음이 나쁘다고 놀림당하던 어린 시절의 상처가 새로 돋는 기분이었다.

다행히 나의 랩에도 장점은 있었다. 랩에 관심이 없고 힙합을 안 좋게 보던 이들이 오히려 나의 랩에는 긍정적으로 반응했다. 세대도 다양했다. 어린아이부터 60대 어르신까지 다들 나의 랩을 쉽게 받아들였다.

"집중해서 들은 건 난생 처음인데 이렇게 좋은 거였네요." 이러는 거다. 못하는 대신 정성 들여 열심히 하니까 남들 귀에 잘 들렸던 것 같다. 매주 공연에 찾아와 주는 고마운 이도 있고, 사회적 문제를 랩으로 소화하는 게 특이하다며 여기저기 인터뷰 요청도 심심치 않았다.

나와 어울리는 새로운 형태의 문학 장르도 찾아냈다. 이름하여 스포큰 워드 Spoken Word. 자신이 쓴 글을 랩처럼 낭독하는 것이다. 인터넷에서 이런저런 자료를 검색하며 나름대로 연구를 시작했다. 우리 정서와는 좀 맞지 않는 부분이 있었지만 매력 넘치는 문학 장르였다. 번뜩 예감이 왔다.

이걸 내가 해야겠다!

마침 인천의 한 중학교에서 공연 섭외가 들어왔다. 기회다 싶었다. 학생들과 같이 '랩으로 낭독하는 발표회'를 열어 보겠다며 역제안을 했다. 혼자 감당하기엔 힘이 부쳤고 단어 하나하나 의견을 나누다 보니 입술이 바싹 타들어 갔지만, 학생들의 건조한 문장이 촉촉해질 때마다 희열이 샘솟았다. 어느새 무대 위의 주인공으로 부족함이 없는 목소리와 태도를 지니게 되었을 때, 난 속으로 크게 외쳤다. 야호, 대단한데! 발표회 이름은 '낭독의 두드림'이라고 해야겠어.

힙합 문화와 래퍼가 쓴 가사에는 인문 정신이 담겨 있다. 나는 그걸 듣고 읽으며 온몸으로 느껴왔다. 랩은 정신의 고귀함을 증명해 주는 방법이었다. 삶을 항해하는 질풍노도의 길 위에서 랩은 튼실한 방향키였다. 지금의 청소년들에게도 그 방향키를 선물하고 싶다. 래퍼의 다채로운 이야기와 음악을 통해 인문 정신을 보여 주는 것이다. 흥겨우면서도 진지하게! 그 안에는 철학, 문학, 역사, 예술 등 모든 게 담겨 있다.

많은 래퍼는 열악한 환경에서 성장하며 숱한 시련을 랩으로 빚어냈다. 밝은 내용이 아닐지라도 랩을 하는 동안은 고개가 아래위로 끄덕여졌으니, 스스로를 긍정한 셈이다.

고민과 불안에 흔들리는 십 대라면 그 끄덕임이 마음에 들 것이다. 구겨진 종이를 꺼내 들어 글귀를 끼적이고 랩을 중얼거릴지도 모른다. 자신을 둘러싼 모호한 환경이 점점 뚜렷해지고, 머릿속의 안개가 걷히는 기분을 느끼면서 시대의 주인공인 내 모습이 드러나는 것이다.

낭독의 두드림에서 자기 글을 랩으로 낭독한 학생들 역시 시대의 주인공이었다. 무대 위에서 조금도 멋쩍어하지 않았다. 고개를 들고 큰 걸음으로 등장해 당당하게 자신의 글을 발표했다. 청중의 환호는 식을 줄 몰랐다. 대충 하는 장기 자랑이나 형식적인 발표회와는 차원이 달랐다. 나의 기대를 훌쩍 뛰어넘었다. 랩의 특징과 문학 표현이 서로 어우러질 때 갑절로 폭발하는 힘이 있다는 걸 비로소 깨달았다.

침울해 보이던 청소년에겐 또 다른 반전이 있었다. 숨어 있던 찬란한 언어가 꿈틀대며 쏟아져 나와 사람들의 마음을 사로잡았다. 입술 사이로 터져 나온 진솔한 고민들… 일반적인 글쓰기 방법으로는 어림없었을 테다. 랩만이 끄집어낼 수 있는 침묵의 언어가 있기 때문이다. 랩이라면 침묵을 깨고 폼 나게 툭툭 털어놓을 수 있다.

2012년 초판 이후 개정판을 내기까지 힙합 오디션 프로그램 〈쇼미더머니〉가 매년 돌풍을 일으켰다. 거리의 힙합을 좋아했던 나로서는 랩으로 돈과 명예를 동시에 거머쥐겠다는 스웨그Swag의 정서가 영 불편했다.
하지만 〈쇼미더머니〉를 흥미롭게 관찰하며 힙합의 알맹이는 불변한다는 걸 알았다. 겉모습은 시대적 상황에 따라 요동치고 유행을 타지만, 70년대에 힙합을 즐긴 게토의 십 대들이나 지금의 십 대들이나 갑갑한 현실 속에서 자유로운 의지를 드러내고 싶은 원초적 욕구는 똑같다.
느긋하게 심장을 두드리는 힙합 비트는 현실의 벽을 신기루처럼 흩뜨리고, 무슨 말이든 솔직하게 털어놓도록 의식을 각성시킨다. 모든 말이 온당하지 않더라도, 일단은 뱉을 수 있고 끄덕이며 들어줄 사람이 있다는 것! 다른 생각들이 세게 부딪히면서 리듬을 형성하고 다른 색깔의 말들끼리 뒤엉키면서 조율해가는 과정을 나는 조바심내지 않고 즐길 수 있게 되었다.
그 언어의 향연이 교실 뒤편에서 마을 책방에서 공원 가로등 아래에서 구석구석 피어난다면 세상은 좀 더 자유로워지지 않을까. 살아 있는 말의 장단이 활짝 펴 삼삼오오 발걸음을 불러들인다면 세상은 좀 더 여유롭지 않을까. 그것이 지금 내가 꿈꾸는 세상 풍경이며 이 책을 쓴 이유다.

차 례

청소년 독자들이 남긴 글
들어가며 랩으로 피어나라   6

하나. 랩으로 인문학을?   20
    랩은 이런 거야!   23
    랩은 문학, 래퍼는 작가   33

둘. 랩이 먼저야 힙합이 먼저야?   48
    힙합의 고향은 작은 동네   51
    랩은 힙합을 뛰어넘는다   55
    한국 힙합이 탄생하다   58
    언더그라운드, 힙합의 뿌리   64
    21세기 힙합은 다국적 샐러드   67

셋. 답답하지? 외롭지? 소리쳐 봐!   78
    공부 '매일 아침 7시 30분 까지 우릴 조그만 교실로 몰아놓고~'
       서태지와 아이들 <교실이데아>   86
    방황 '1971년 12월 16일 난 대구에서 태어나~'
       가리온 <12월 16일>   90

도전 '야 임마 정치가 장난이냐 이 머리에 피도 안 마른 녀석이~'
    김디지 <김디지를 국회로>　　　　　　　　　　　　　　　95

불만 '젓가락질 잘해야만 밥 잘 먹나요~'
    DJ DOC <DOC와 춤을>　　　　　　　　　　　　　　　99

열등감 '유난히 검었던 어릴 적 내 살색~'
    윤미래 <검은 행복>　　　　　　　　　　　　　　　102

역사 '나의 영혼 물어다 줄 평화시장 비둘기~'
    MC 스나이퍼 <솔아 솔아 푸르른 솔아>　　　　　　　　105

사회 '여기저기 재개발 사라져 가는 내 삶의 계단~'
    리쌍 <부서진 동네>　　　　　　　　　　　　　　　110

환경 '전설의 푸른 심장이 뛰고 있어~'
    실버라이닝 <고래의 노래>　　　　　　　　　　　　115

자유 '무소유한 영혼으로 남으라~'
    대거즈 <공수래공수거>　　　　　　　　　　　　　　119

순수 '난 아저씨를 강요당하고 있어~'
    키비 <소년을 위로해 줘>　　　　　　　　　　　　　123

포용 '그를 품 안에 꼭 안고 산길로 내달려~'
    박하재홍 <순이 베러 블루스>　　　　　　　　　　　127

관찰 '컵라면에 끓는 물을 넣고 난 기다려~'
    드렁큰타이거 <편의점>　　　　　　　　　　　　　132

넷. 나도 할 수 있어! — 144

이제 써 볼까 — 151
어떻게 해야 폼 나게 읽을 수 있을까 — 164
낭독의 자세 — 169
드디어 발표회 — 172

다섯. 랩으로 여행하기 — 176

홍대에서 신촌까지 '인디 로드' — 180
거리 공연, 마이크를 잡은 여행자 — 182
랩으로 무전여행 — 185
지구별 여행자의 힙합 — 187
낭만적 밥벌이를 찾아서 — 199

나오며 힙합은 밥이다 — 202

우리들의 랩 : 1318 낭독의 두드림 — 204

하나.

랩으로
인문학을?

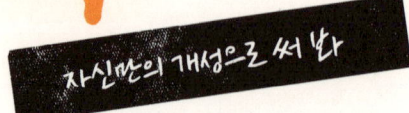

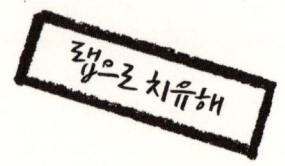

랩은
이런 거야!

랩 좀 한다는 청소년들이 여럿 모였다. 노래방에서 랩 나오는 부분은 놓치지 않는다는 이들이다. 아, 그중에는 남에게 등 떠밀려 온 학생도 있다. 혼자 오기 썰렁하다고 친구가 끌고 오거나, 랩으로 소극적인 성격을 고쳐 보라는 부모님의 권유로 떠밀려 온 이들이다.

어찌 되었든 유명한 래퍼도 아닌 나를 보고 이렇게 모여 주니 황송할 따름이다. 일단 책상을 치우고 의자를 둥글게 놓는다. 자세는 늘어져도 좋고 다리를 꼬아도 좋다. 너무 딱딱하게 앉아 있으면 말하기가 불편하다.

"쌤, 랩 해 보세요."

어떨 때는 대뜸 초면부터 날 시험하려 드는 학생도 있다. '듣보잡'인 사람이 래퍼라 와 있으니 그럴 만도 하다. 못할 것 있나. 이래 봬도 입에서 랩은 술술 나온다. 내 소개부터 지금 상황까지 랩으로 읊어 내면 분위기가 한결 살아난다.
"오, 래퍼 맞네요."
그래, 난 원래 선생이 아니라 래퍼라니깐. 슬쩍 질문을 던져 본다.
"랩이 뭘까요?"
지금 이 책을 읽고 있는 여러분들도 셋 셀 동안 대답을 떠올려 보시라. 하나, 둘, 셋.
"빠르게 말하는 거?", "말하듯이 노래하는 거요.", "힙합 아니에요…?"
고개를 갸우뚱거리며 말끝을 흐린다. 셋 다 정확한 대답은 아니다.

> 랩은. 하고 싶은 말에. 장단을 실어. 상대방의 귀를. 끌어당기면서. 고개를 끄덕이게. 만드는. 말의 기술이자 표현.

천천히 끊어서 또박또박 랩으로 대답한다. 이것이 내가 이해하는 랩의 정체다. 그러니까 빠르게 말하는 건 아니다. 물론 누구보다 빠르게 랩을 구사하는 래퍼 '아웃사이더'처럼 속사포같이 쏟아 낼 수도 있지만, 넉살 좋은 '양동근'처럼 느릿느릿 뱉어내도 좋다.
중요한 건 상대방의 고개를 끄덕이게 하는 것이다. 잘 들어 보라. 대부분 랩이 우리가 평소에 말하는 문장의 속도보다 빠르지 않다. 랩이 빠르다는 오해는 랩을 노래라고 생각하기 때문이다. 사실 랩은 노래가 아니고 래퍼는 가수가 아니다. 이야기가 길어지겠지만, 까마득한 옛날에서 시작해 봐야겠다. 내가 랩을 처음 접했던 20년 전으로.

불만을 당당히 이야기해

초등학교에서 중학교 세계로 건너온 이후 나에게 학교란 곳은 더는 즐거운 곳이 아니었다. 눈썹 아래로 머리카락이 내려오면 가위로 싹둑 잘리고, 시험 성적표가 나올 때마다 바윗덩이 같은 불안이 내 머리를 쿵 찧었다.

고등학교는 더했다. 수용소처럼 보이는 건물. 시험이 끝나면 담임 선생님은 손가락 두 개 굵기의 나무 봉이 단박에 부러지도록 우리를 매우 쳤다. 졸업하려면 도대체 몇 시간이 더 지나야 하나….

꽃다운 나이에 걸맞는 무엇인가를 찾아보려고 독서 동아리에 가입했지만, 그것조차 학업에 방해된다며 엄마는 못마땅해했다. 속이 부글부글 끓어올랐다. 다행히도 끓는점에 도달하기 전에 얼른 찬물을 쏟아부었다. 엄청난 반항을 해 볼만한 담력이 내겐 없었으니까.

그저 수업 시간에 이어폰을 소매에 넣고 몰래 음악을 듣는 게 학교 교육에 대한 유일한 반항이자 청춘의 낙이었다. 고3 때부터는 이어폰을 숨기지 않아도 됐다. 대부분 자율 학습이었고, 선생님도 학생이 졸고 있지만 않으면 그냥 넘어갔다.

나의 진짜 선생님은 눈앞에 있지 않았다. 우리나라에 힙합 음악을 들여오고 춤과 랩을 전파하는 가수들이 나의 스승이자 구도자였다.

그때는 핸드폰도 인터넷도 없었고 MP3도 없었다. 카세트테이프로 음악을 듣던 시절이다. 테이프 음반 한 장에 5천 원. 적은 돈이 아니다. 게다가 수백 번 반복 재생하면 힘없이 늘어져서 소리가 괴물 같이 변한다.

아끼는 음반을 보존하려면 공테이프를 추가로 사 복사해서 들어야 했다. 시간이 오래 걸리고 번거로운 일이다. 그렇게 애지중지 탄생한 내 음악 컬렉션은 돈으로 환산할 수 없이 소중했다.

나는 랩 잘하는 가수들을 좋아했다. 랩은 대중가요와는 확연히 달랐다. 편안한 옷차림으로 가슴속 불만과 방황, 부조리한 사회에 대해 항변했다. 그들은 나의 대변인이었다. 리듬에 맞춰 고개를 끄덕이고 깨알 같은 가사집을 들여다보면 답답한 심정이 풀렸다.

당시에는 방송에 나오는 가수들이나 랩을 만들고 보여 줄 수 있는 것으로 생각했다. 내가 직접 써 볼 엄두는 나지 않았다. 시간 여행으로 과거의 나에게 찾아가 말을 걸 수 있다면 이렇게 말해 주고 싶다.

'네가 직접 써 봐. 랩이란 건 원래 가수가 하는 게 아니야. 너처럼 하고 싶은 말을 속 시원히 못 털어놓는 답답이들이 하는 거라니까. 상상하기 어렵겠지만, 내가 사는 시대에선 누구든지 자기 손으로 랩을 쓸 수 있지. 마음만 먹으면 사람들 앞에서 랩을 들려줄 수도 있고!'

판사 돼야 한다 의사 돼야 한다
명문 대학에 꼭 가야 한다
누구의 인생인지 어디로 가는지
나는 정말 알다가도 모르겠어
어른들은 왜 모를까 내 마음을
뭐가 그렇게도 문제일까
어떤 것이 옳은 건지 나쁜 건지

우리들도 생각할 줄 알지
버트헤드 <아야아야이> 중에서

자신만의 개성으로 써 봐

하늘 아래 랩처럼 간단한 창작이 얼마나 있을까! 글쓰기와 말하기, 이 두 가지만 잘하면 기본기는 충분하다. 악기를 다룰 필요도 없고, 세밀한 음정을 맞추느라 목소리를 조정해야 할 필요도 없다. 말로는 참 쉬우니 일단 요령을 알려 주겠다.

우선 남의 이야기가 아닌, 내 이야기를 자기 개성으로 쓸 수 있도록 최면을 좀 걸어야 한다. 랩을 들어 보면 래퍼들의 성격은 물론이고 시시콜콜한 관심사까지 추측할 수 있다.

걸걸한 목소리로 "자기 전에 손가락을 입에 넣어야지."라고 중얼거리는 래퍼 갱톨릭의 가사는 참으로 인상적이다. 실제로 그에게 그런 버릇이 있는지는 모르겠지만, 이불 속에서 어린아이 같은 편안함을 느끼는 사람임이 틀림없을 것이다.

신을 믿는 래퍼는 묻는다.

"내 삶은 바로 신이 만들 예술 작품의 피처링. 나의 불완전함을 사용하는 창조주의 심포니." (비와이, ⟨The Time Goes On⟩)

무신론자는 자신의 열정에 집중한다.

"난 시를 쓰고 씨를 뿌려, 신은 믿지 않아." (아웃사이더, ⟨One Way⟩)

정치에 관심 있는 래퍼라면 풍자와 같은 은유를 구사할 수 있다.

"민중의 지팡이는 민중의 몽둥이로 변해 버리니 터덩텅 빈 머리." (원썬, 〈다시〉)

컴퓨터 게임에 빠진 자신을 책망하고 한탄하며 써 내려 간 래퍼 '화나'의 가사는 스스로 부치는 진솔한 반성문과 같다.

매일을 해 뜰 때까지 난 게임을 해
폐인들의 대축제 배틀넷
MMO RPG의 세계로 빠진 뒤엔
가상과 현실의 경계조차도 애매모호
레벨 업을 위해 계속 헤매고
또 헤매고, 또 헤매고, 또 헤매고
또 헤매고, 또 헤매고, 또 헤매고… 또 헤매
도대체 뭐 땜에?

화나 <잉여인간> 중에서

폐인이 된 자신을 관찰하며 무엇이 문제인지 느슨하게 살펴보는 래퍼. 섣불리 의지를 다지기보다 뜸을 들이면서 정확한 해결책을 찾아내려는 성격이 엿보인다. 자칫 더욱 깊은 수렁 속으로 빠져들게 하는 게 랩 같지만 절대 그렇지 않다. 개성은 살아 있음을 나타내는 자기 태도이며, 자책과 후회는 살아 있다는 증거이다. 개성이 확실하면 누군가의 공감을 불러와 고민이든 행복이든 서로를 격려하게 된다.

이 곡이 요즘 너무 와 닿네요. 머릿속에서 무언가가 자꾸 빠져나가는 듯한 느낌입니다. 무기력한 자신을 느끼고 있어요, 요즘. 어서 슬럼프를 극복해야 할 텐데 큰일입니다.

<잉여인간>을 들은 한 여고생의 말

뜻밖에 사람들은 자기 자신에 대해 잘 모르고, 알려고 하지도 않는다. 그저 남에게 좋은 평가를 받으면 어린아이처럼 기뻐하고, 나쁜 평가를 받으면 그 사실이 들통날까 봐 급급해 한다. 그러다 보면 자기의 개성이 깨어날 기회가 없다. 개성이란 잘난 것보다는 못난 것에서, 만족보다는 불만에서 나오는 경우가 많기 때문이다. 자신의 단점과 불만을 어떻게 받아들이고 표현해야 할지 머리를 굴리다 보면 자신도 모르게 개성이 툭 튀어나온다. 남의 눈에 내가 어떻게 비추어질지 너무 전전긍긍하지 말자. 그러다간 나이 들어 "후회가 쓰나미처럼 밀려오더라." 이런 말이나 하기 십상이니까.

책임지지 않으면 랩이 아니야

한 가지! 랩을 쓸 때 꼭 주의할 점이 있다. 한번 뱉은 랩은 주워 담을 수 없다는 것. 자신의 말에 씻을 수 없는 책임이 지워진다. 언젠가 환경 보호를 위한 랩을 썼다며 가사를 봐 달라는 학생이 있었다.
"불을 쓰고 스위치를 끄지 않으면 손가락을 잘라 버리겠어."
흠, 창작의 자유란 게 있지만 이런 가사는 위험하다. 솔선수범하지 않으면 말이다. 공격적인 내용은 조심해야 한다. 평소 폭력적인 가사와 비방을 즐기는 래퍼들도 있기는 하다. 그들도 그 책임을 평생 떠안고 간다.
생각은 계속 변한다. 나 또한 한때 열심히 부르고 다녔지만 지금은 입도 벙긋하지 않는 랩 가사가 있다. 랩으로 누군가를 모욕하거나 필요 이상으로 욕설을 퍼부었다가 몇 년 후 후회가 되면 어떡할까? 인터넷 구석구석 어딘가에 그 랩이 꼭꼭 숨어 있고, 누군가 그때 찍은 영상을 가지고 있을 텐데. 날 기억하는 사람들은 간식거리 삼아 가볍게 수군댈지도 모른다.
"쟤가 예전에 뭐라 했는지 알아?"
영 찜찜하다.

청소년 중에는 초면부터 '디스'(존경, 존중을 뜻하는 respect의 반대말 disrespect의 줄임말로 'dis' 혹은 'diss'로 표기) 랩을 해 보자는 친구도 있다. 디스는 시빗거리가 생긴 누군가를 폄하하며 창피 주려고 하는 말과 행동이다. 디스 랩으로 창피당한 이는 맞대응하는 랩을 내놓고, 어느 한쪽이 멈추지 않는 이상 설전은 계속된다.
치고받고 싸우는 대신 랩으로만 승부하니 좋을 것도 같지만, 반대로 굳이 승부를 가를 필요가 없는데 싸움이 붙기도 한다. 물론 짓궂은 친구끼리 오가는 말장난처럼 쓰이거나 랩 대회에서 경쟁을 위해 사용하는 유희적인 디스도 있다.
어쨌든 조심해야 한다. 감정이 격해져서 내뱉은 거친 표현이 쌓이다 보면 영화처럼 복수극이 펼쳐질 수도 있다. 이런 일로 미국에서는 벌써 여러 번 문제가 터졌고, 래퍼들 사이에서 깊은 반성과 성찰이 있었다.

디스를 홍보 전략으로 이용하는 경우도 있다. 2007년, 래퍼 '50센트 50Cent'는 자신의 라이벌인 '카니예 웨스트Kanye West'보다 음반 판매량이 부진할 경우 음반 발매를 중지하고 은퇴를 하겠노라고 디스했다. 화제를 만들어 음반을 많이 팔아 보려는 심산이었다. 카니예 웨스트 또한 50센트의 도전을 맞받아쳤다. 결과는 50센트의 패배. 50센트는 은퇴하지 않았고 훗날 이렇게 말했다.

"자극적인 구설수를 만들어 홍보하는 노이즈 마케팅에서 은퇴했습니다."

50센트에겐 미안하지만… 봐 봐, 말조심해야 한다니까.

한국 래퍼들 사이에서 일어난 디스와 관련한 다툼은 여기서 거론하지 않겠지만, 후회하는 이들도 여럿 있을 것이다. 상대방의 랩 실력을 깎아내려 자신을 드높이는 내용이 대부분이기 때문이다. 래퍼에게 디스는 필수 사항이 아니다. 래퍼에겐 디스보다 '피스Peace'가 더 잘 어울린다. 많은 래퍼가 나이 들수록 존중과 이해를 강조한다. 편협한 사고로는 자신을 바꿀 수 없다.

그렇다면 '착하게' 랩을 해야 하느냐고? 그건 아니다. 자기가 쓴 가사가 진짜 자신의 모습과 잘 어울리는지 고민해 보라는 말이다. 쓸데없이 누군가를 욕보이는 건 아닌지 점검해 보아야 한다. 여자 친구 한 번 사귀어 본 적 없으면서 다음과 같은 가사가 나오면 곤란하다.

"미팅에 나온 여자들은 나의 강아지, 싫증 나면 난 차 버리지."

허황된 이미지다. 게다가 이 짧은 문장은 심각한 폭력성을 두 가지나 품고 있다. 여성 비하와 동물 비하다. 폭력은 처음엔 강해 보이지만 시간이 지날수록 힘을 잃는다. 이걸 사람들 앞에서 부르고 다닌다면? 차 버릴 애인은 고사하고 평생 피하고 싶은 진상으로 꼽히게 될지 모른다. 이성에게 폭넓은 인기를 얻고 싶은 남자라면 빈지노의 랩을 참고해 보자. 미술과 힙합을 사랑하는 그의 가사 속에 인기 비결이 있다.

반 고흐의 달이 보이는 밤
나는 물감을 고르듯 단어를 골라
오늘 밤 어떤 게 나올진 나도 잘 몰라
일단은 시작해 볼게

빈지노 <Dali, Van, Picasso> 중에서

랩은 문학, 래퍼는 작가

'문학'이라고 하면 왠지 모르게 따분하다는 인상이 있다. 문학 하는 사람 중에는 소설가 이외수 씨처럼 괴짜 같은 외모에 어딘가 별나 보이는 분도 있다. 그런데 교과서에서 배우는 문학은 왜 재미난 이외수 씨와는 달리 영 거리가 멀게 느껴지는 걸까. 책에 실린 작품 자체가 지루한 걸까?

아니다. 책을 읽는 우리의 '말투'가 재미없어서 그렇게 느껴지는 것이다. 생각해 보라. 축 처진 목소리로 해리포터 시리즈를 읽는다면, 마법이 눈앞에 펼쳐질 리 없다. 눈으로 읽든 입으로 읽든, 리듬을 실어야 문장은 새로운 생명을 얻는다. 영국의 시인 '벤저민 제파니아Benjamin Zephaniah'는 이렇게 말했다.

"출판 이전의 역사 동안 원래의 시는 종이에 쓰이지 않고 말로만 전달되었지."

그는 시를 읊고 다니는 시인이다. 마치 래퍼가 랩을 하듯이 말이다. 시집도 책으로 내지 않고 목소리를 녹음한 음원으로 냈다. 랩처럼 시를 읊을 땐 반주 음악이 없다. 오로지 문장 속 단어들이 가지고 있는 리듬감을 살려 말로 장단을 맞춘다. 이러한 낭독의 기술이 지금의 랩으로 발전했다.

입에서 입으로 전해 오는 설화 또는 민요나 판소리 같은 구술 문학도 랩과 비슷한 점이 많다. 말하기의 매력이 살아 있는 가장 원초적인 문학이니까. 판소리를 전공한 국악인이 판소리 랩을 시도하거나, 판소리와 민요가 접목된 랩 음악이 만들어지는 것도 서로 닮은 꼴이기 때문이다. 조선 시대 거리에는 재담을 푸는 이야기꾼이 있었다고 한다. 책이 귀했던 시절이라 《삼국지》니 《수호지》니 하는 이야기책을 전문적으로 읽어 주던 사람이라나. 그들을 '전기수傳奇叟'라고 했다는데, 그들 또한 맛깔나게 이야기를 전하기 위해 랩과 유사한 기술을 이용했으리라.

진양조 중모리 ya
중중모리 엇모리 ah
자진모리하지 휘모리까지
이 놀음판도 Get that 차지
난 가질꺼야 너희 것도
없어 버릴 것도 굿거리
타고난 소리꾼의 소리
막해도 박수 받아

We make that
마치 고수와 소리꾼 같이
얼쑤 지화자
다 먹을꺼야 연서와 같이

WEBSTER B, 오담률 <북> (Prod. SLO) 중에서

래퍼는 오래전 시를 읊고 다녔던 시인이나 전기수 같은 이야기꾼처럼 목소리를 연주할 줄 알아야 한다. 슬픈 문장에는 목소리에 살짝 물기를 뿌렸다가 즐거운 문장에는 미소의 양념을 뿌린다. '이제는 상관없어.'라는 듯 건조하고 무덤덤한 목소리도 필요하다.

우리는 시종일관 밋밋한 말투로 글자를 전달하는 것에 익숙해져 버렸다. 연주를 위해 악보가 있는 것인데, 악보를 위해 연주를 하듯이 말이다. 글을 쓰고 읽어 보라 하면, 힘없이 중얼중얼… 학생들에게 나는 이렇게 랩으로 외친다.

말의 재미를. 살려야. 문학을. 즐길 수. 있다고!
그러니까. 국어 시간에. 꼭. 필요한 게. 랩이야.

랩은 연설문이고 수필이야

랩은 글로 남겨지는 '기록 문학'이기도 하다. 즉흥 랩이 아닌 이상 종이에 가사를 써야 하니까. 자신이 겪은 이야기나 이런저런 생각 거리를 써

내려 간 랩은 한 편의 수필이 되고, "청소년들은 왜 머리가 짧아야 하는가!"라며 두발 자유의 필요성을 당차게 설명한 랩은 한 편의 연설문이 된다.

상상력이 뛰어난 래퍼는 가상의 주인공을 자신의 아바타로 내세워 랩에 등장시키기도 한다. 미국의 래퍼 '에미넴Eminem'이 그랬다. 그는 흑인 래퍼들로부터 "랩이 끝내준다!"라고 찬사를 받은 최초의 백인 래퍼다. 이전에도 백인 래퍼들은 있었다. 그렇지만 랩을 창조한 흑인들 처지에서 보면 백인들의 랩은 그냥 그랬다.

에미넴은 불안한 환경에서 성장한 불량한 청년임을 동네 만방에 떠벌리며 랩을 즐겼다. 괴팍한 자신을 의미하는 '슬림 쉐이디Slim Shady'를 랩의 주인공으로 내세웠다. 음반이 나오자마자 세계가 발칵 뒤집혔다. 흑인을 능가할 만한 백인 래퍼라니, 21세기 빅 뉴스다.

I'm Slim Shady, yes I'm the real Shady
난 슬림 쉐이디, 그래 내가 진짜 슬림 쉐이디라고

All you other Slim Shadys are just imitating
다른 슬림 쉐이디는 모두 가짜에 불과해

So won't the real Slim Shady please stand up?
누가 진짜 슬림 쉐이디라며 일어날 수 있겠어?

Please stand up, please stand up
있으면 일어나 봐, 일어나 봐

에미넴 〈The Real Slim Shady〉 중에서

노벨 문학상을 받은 시인 셰이머스 히니Seamus Justin Heaney는 에미넴의 에너지 넘치는 가사가 통기타 가수 '밥 딜런Bob Dylan'의 작품에 못지않다는 찬사를 보냈다.

밥 딜런이 누구인가. 미국의 베트남 전쟁을 반대하며 〈천국의 문을 두드려요Knocking on heaven's door〉라는 노래로 전 세계에 영향을 미친 음악가가 아닌가. 1973년에 발표한 이 노래는 수십 년간 사람들의 심금을 울렸고, 노벨상위원회는 이 노랫말에 문학상을 수여하기에 이르렀다.

막돼먹은 캐릭터 슬림 쉐이디를 내세운 에미넴이 그런 칭찬을 받게 될 줄이야! 하긴 문학이 꼭 점잖거나 애잔하게 쓴 글만 일컫는 게 아니지 않나. 밥 딜런처럼 통기타를 둘러메고 서정적인 노래를 부르는 이들을 음유시인이라 부르지만, 랩을 좋아하는 사람들은 래퍼도 시인에 비유한다.

때때로 시 못지않게 깊은 인상을 남기는 가사들이 있다. 무엇보다 랩이 문학의 여러 갈래 중에서도 시와 견주게 되는 이유는 시에서 쓰이는 운율 기법이 랩에선 아주 중요하기 때문이다.

> 별이 가득한 여기 밤 밤거리
> 가슴이 마구 뛰어 여기 쿵 쿵 소리
> 모두 나를 봐 Q의 연결고리
> 목소릴 높여봐
>
> 이영지 〈따라와〉 (Feat. 쿠기, The Quiett) (Prod. CODE KUNST) 중에서

랩을 쓴다는 것

이것저것 복잡하게 설명했지만, 랩을 쓰고 싶다면 그냥 써 보라. 수필이니 시니 하는 것에 상관하지 말고. 일단 생각나는 대로 손 가는 대로 써 놓고 본다. 수필 같기도 하고 소설 같기도 할 것이다.

하지만 써야 할 분량이 꽤 많으니까 마음은 단단히 먹어야 한다. 노래는 '아~' 하나로도 30초를 보낼 수 있다. 랩은 그렇지 않다. 글자 수가 엄청나다. 랩 가사 하나를 종이에 베껴 쓰고 나면 팔목이 욱신욱신 아파질지도 모른다. 이 정도 분량의 가사를 완성하기 위해서 래퍼는 쓰고 지우고, 쓰고 지우기를 수없이 반복해야 한다.

래퍼의 글쓰기는 머릿속에 떠오르는 말들을 그대로 옮겨 적는 요령과 습관이다. 머릿속이 텅 비어 있을 때 외에 드는 모든 생각은 글씨로 바꿀 수 있다. 생각과 말은 수증기가 아니다. 밥알과 같이 탱글탱글한 '실체'다. 오죽하면 말이 씨가 된다고 했을까.

평소 청산유수로 말을 잘하는 사람도 눈앞에 종이를 가져다 놓으면 입술을 꼭 다문다. 랩은 말하기 위해 글을 써 두는 것이라 입으로 중얼거리면서 써 내려간다. 말하듯 생각하듯 쓰는 거다. 문장은 좀 엉성해도 괜찮다. 대신에 자신만의 리듬을 창조하고 그 리듬에 어울리는 단어를 선별하는 과정이 무척 어렵다. 때론 뼈를 깎는다.

"랩으로 한 곡 완성하는 데 얼마나 걸려요?"라는 질문에 보통 나는 이렇게 답한다. "최소 100시간 정도요." 거의 완성했다 싶어 신나게 부르다 보면 어딘가 입에 달라붙지 않는 글자가 툭툭 튀어나오게 마련이고,

정교하게 다듬는 데도 꽤 많은 시간이 걸리기 때문이다. 몇 문장 고치려고 했다가 밤을 꼴딱 새운 경우도 있다. 이런 과정이 문학에서 말하는 '착상-집필-퇴고-탈고'의 과정이 아닐까? 의식하지 않아도 자연스럽게 그런 과정이 된다.

물론 시간이 오래 걸린다고 훌륭한 가사가 완성되는 것은 아니다. 100시간 걸린 것보다 1시간 쓰인 글이 더 좋을 수도 있다. 문제는 문학이나 랩이나 문득 떠오르는 '영감'이다. 영감으로 쓰인 좋은 문장 안에는 이미 좋은 리듬이 기본적으로 담겨 있다. 생각에도 리듬이 있는 거다. 좋은 영감을 얻기 위해서는 평범한 것에서 특별함을 발견하는 시인의 버릇이 꼭 필요하다는 점을 기억하자.

> 터미널에 내려 혼자 걷지
> 바로 향하는 작업실
> 사람들 사이로 내려 봄비
> 대전에도 내릴까 혹시
> 봄비 봄비 내렸지 봄비
> 우산도 없이 맞는 봄이지
> 봄비 봄비 내렸지 봄비
> 우산도 없이 맞는 봄이지 봄비
>
> **신스SINCE** <봄비> 중에서

래퍼는 가수일까?

"그런데 어떤 사람이 래퍼야? 랩으로 음반을 내는 사람?"
"즉흥으로 랩을 겨루는 프리스타일 랩Freestyle Rap 대회에 나오는 래퍼들은 자기 음악이 없던데….'
"래퍼는 랩을 하는 사람이니까, 랩을 잘하는 사람? 노래방에서 기똥차게 랩을 잘하는 내 친구가 래퍼인가?"
"에이, 그럼 노래방에서 노래 잘하면 다 가수겠네!"
"가수는 노래가 직업인 사람이지, 래퍼는 랩으로 돈을 버는 사람?"
"아닐 걸, 래퍼가 직업인가?"

랩을 문학이라 부를 수 있다면 래퍼는 작가다. 작가는 자신만의 글을 발표하는 사람이고, 래퍼는 자기 생각을 '자신만의 랩'으로 표현하는 사람이다. 자신만의 랩이란 본인이 직접 만들어 낸 랩의 흐름과 장단을 말한다. 남이 써 준 글로 랩을 할 수는 없다.

노래방에 가면 난생처음 보는 랩인데 글자만 봐도 어떻게 불러야 할지 감 잡는 경우가 종종 있다. 단어의 배열이 랩의 흐름에 큰 영향을 미치기 때문이다. 단어의 배열에는 그 사람의 말버릇이 들어있다. 그러니까 남의 글로 랩을 만든다면, 내 생각도 없거니와 글쓴이의 말버릇이 저절로 랩에 배어난다.

그렇다면 래퍼는 언제 어디서 랩을 하는 걸까? 첫 번째는 자신이 하고 싶은 무대에서, 두 번째는 누군가 랩을 부탁해 왔을 때다.

길을 걷고 있는데 놀이터에 사람들이 둥그렇게 모여 앉아 서로의 랩을 들려주고 있다. 그러면 냉큼 달려가 같이 랩을 한다. 그런 곳이 다 랩의 무대다. 또 분식집에서 떡볶이를 먹던 중 누군가 아는 척하면서 묻는다.
"래퍼시죠? 저한테 랩을 좀 들려주실 수 있을까요? 정말 듣고 싶은데."
"기다리세요. 접시 비우고 들려 드리죠."
이렇게 대답할 수 있어야 한다. 언제 어디서나 자신만의 랩을 들려줄 준비가 된 사람, 그가 래퍼다.

래퍼는 가수가 아니지만 가수일 수도 있다. 직접 음악을 만들거나 누군가한테서 음악을 받아 랩을 쓰고 부르면 자신만의 음악이 생긴다. 이제 공연할 수 있는 곳을 찾아보고, 컴퓨터로 녹음해서 인터넷에 공개해도 좋다. 차근차근 충분한 내공이 쌓이면 음반을 내자. 집에서 쓰는 컴퓨터 한 대면 디지털 음반을 낼 수 있는 시대다.

나는 거리 공연이 좋아서 음악을 시작했다. 처음에는 랩 밴드를 하고 싶었지만, 밴드가 거리 공연을 하기란 보통 어려운 게 아니라서 혼자 랩을 하는 거로 시작했다. 스피커에 MP3 플레이어만 연결하면 공연할 수 있다. 서울 명동에서 시작한 내 생의 첫 거리 공연은 꼬리에 꼬리를 물고 지금까지 이어졌다.

나의 랩을 좋아하는 사람들은 날 보고 가수라 할 때도 있고, 랩 가수라 부를 때도 있다. 그런데 국어사전을 펼치니 이렇다. '가수', 직업으로 노래를 부르는 사람. 나는 직업이 아니라 자유를 위해 랩을 하는 건데 영 어색하다. 직업으로 접근하니 '무명 가수'라는 말도 생긴 것이다. 무명 가수는 유명하지 않아서 돈벌이가 시원찮은 가수란 뜻이겠지.

그럼, 내가 '무명 래퍼'인가? 그건 아니다. 돈과 상관없이 창작은 위대하다. 예술가면 예술가지 무명 예술가란 말은 없다. 그러니까, 래퍼는 가수가 아니라 그냥 래퍼다.

래퍼는 시대를 대표해

래퍼라는 이름은 스스로 부여하면 된다. 래퍼 협회 같은 곳이 있어서 누가 래퍼라고 정해 주는 게 아니고, "나는 래퍼다!" 홀로 선언하면 된다. 래퍼는 자신이 뱉은 랩의 내용에 책임을 진다. 더러 그것을 넘어서서 한 시대나 사회를 대표하기도 한다.

캐나다에는 '케이난K'naan'이라는 독특한 래퍼가 있다. 그의 이름은 소말리아 말로 '여행자'라는 뜻이다. 무정부 혼란에 국제적 골칫덩이인 해적들이 득실대는 나라, 소말리아. 그곳이 케이난의 고향이다.

전쟁과 다름없는 상황 속에서 그는 친구들의 죽음을 목격하고 열세 살이 되던 해 가족과 함께 소말리아를 떠나 캐나다에 정착했다. 그리고 래퍼가 되었다.

그는 소말리아 전통 음악을 랩에 섞어 넣고 영어와 소말리아어 두 가지로 랩을 구사한다. 뮤직비디오에는 평범한 소말리아 사람들이 출연해, 거리에서 집에서 당구장에서 그와 반갑게 인사를 나눈다. 알아들을 수 없는 랩이지만 선명하게 다가온다. 소말리아의 평화를 위해 기도하는 마음만은.

I'm strugglin, and it's trouble in,
난 버둥거리지, 그건 골칫덩이야

in this circumstance I'm dwelling in
이 상황을 보라고 난 살아 있어

I find myself in the corner
궁지에 몰려 내 자신을 찾아냈어

huddling, with some angry men,
화를 내는 어떤 사람들과 북적거리면서

and I gotta settle shit again before they gotta kill again
제길, 난 다시 해결해야 해 그들이 날 노리기 전에

케이난 <Struggling> 중에서

케이난은 단지 자신의 이야기를 할 뿐이다. 그런데 그의 음악을 듣는 사람들에게 케이난은 단순한 개인이 아니다. 스마트폰으로 전 세계가 소통되지만, 여전히 전쟁은 계속되는 이 시대. 그 안에서 고통받는 소말리아를 대표하는 인물이다.

나는 그의 뮤직비디오에서 하늘색 바탕에 하얀 별이 그려진 소말리아 국기를 처음 보았고, 그들의 전통 음악을 처음 들었다. 소말리아 사람들의 얼굴은 갸름하고 코끝이 뾰족했다. 나쁜 소식만 전하는 뉴스로는 사람들이 소말리아를 좋아하게 만들 수 없었다. 그러나 뮤직비디오 한 편과 그의 랩 소절이 나를 소말리아로 초대해 주었고, 나는 이제 소말리아를 생각한다.

래퍼는 자신을 둘러싼 시대와 사회에 대해 이런저런 얘기를 꺼내게 마련이다. 1990년대 랩에는 공중전화가 소품으로 등장했고, 2000년 들어서는 휴대폰과 미니 홈피가 등장한다. 지금은 SNS Social Network Service 가 등장할 시기다. 지극히 개인적인 푸념이나 행동이라 할지라도 그것은 때때로 역사적 가치를 지닌다.

"내 나이 열일곱"이라고 랩을 시작한다면 어떨까. 그 아래로 이어지는 내용은 이 시대를 살아가는 열일곱 살 청춘들의 시선을 대표할 수 있을 것이다. 무슨 생각을 하고 어떤 것을 좋아하는지, 싫어하는 건 뭔지, 뭘 즐겨 하는지… 이왕 대표하는 거 멋들어지게 써 보자.

래퍼는 랩으로 자신을 치유해

미국 최고의 래퍼 '제이지Jay-Z'는 한 인터뷰에서 '랩 테라피Rap Therapy'라는 말을 사용했다. 테라피는 '치료'를 뜻하는 영어 단어로 주로 심리 치료를 의미한다. 미술 테라피나 아로마 테라피는 종종 들어 봤는데 랩 테라피라니? 그의 설명은 이렇다.

"파란만장했던 청소년기, 욱한 감정을 랩으로 내뱉으며 자신을 위로했지. 지금도 이따금 스튜디오에서 혼자 랩을 하며 괴로움을 떨쳐 버려. 일종의 정신 수양이야."

한국의 래퍼들도 다르지 않을 것이다. 랩으로 자신을 위로했고, 또 좋아하는 랩을 계속하기 위해 견뎌야 했던 고단한 시간은 다시 랩으로 위로받았다. '리쌍'의 가사에는 그런 선순환이 잘 담겨있다.

힘들게 들어갔던 대학을 포기한 채
마이크를 잡은 지 벌써 6년째
세상을 살 수는 없어도
이 작은 마이크 하나로 흔들리는
날 지킬 수 있기에
언제나 맞이할 수 있는 많은 기회
그 작은 행복이 내게 가르쳐 준 삶의 지혜
한 평짜리 삶에서 백 평짜리 행복을
만들 수 있는 건

리쌍 <Rush> (Feat. 정인) 중에서

남에게 고민을 털어놓기만 해도 무게가 줄어든다고 하지 않나. 들어 줄 이가 없으면 혼자서라도 중얼거려 보라. 속이 후련해질 것이다. 그 중얼거림이 랩이 된다면 이보다 더 좋을 순 없다. 짜증과 분노라 할지라도 입을 통해 랩으로 태어나면, 이미 작품의 가치가 있다. 고통 없는 예술은 앙꼬 없는 찐빵. 괴로움 속에 희열이 번지고, 마구잡이 욕도 절제하게 된다. 욕만 넣어서는 앙꼬에서 쓴맛만 나기 때문이다. 맛있는 찐빵을 만들려면 이런저런 문장이 풍부해야 한다.

고민과 불만을 투덜거리는 거, 찌질해 보일 순 있다. 자칫 침울하기만 하고 말이다. 그래도 랩이니까 괜찮다. 같은 내용이라도 강인하고 진지하게, 또는 가볍고 신나게 랩으로 떠벌릴 수 있으니까. 자신을 비난

하는 악성 댓글 게시자를 향한 오르내림의 외침을 들어 보라. 억하심정이 전해지면서도 신이 난 개구쟁이 같다. 오르내림처럼 '자신'이라는 고뇌의 주인공을 약간 희화할 필요가 있지 않을까. 코미디 배우 찰리 채플린이 말했지, "인생은 가까이서 보면 비극이지만 멀리서 보면 희극"이라고.

> 너희들의 댓글에 오토튠 걸고 싶어
> 그럼 너희 잔소리도 듣기 좋을 텐데
> 이 비트는 자꾸만 다행이라고 하고
> 야 야
> 계속 이어가지 내 할 말을
>
> **오르내림** <i> (Feat. 서사무엘)(Prod. 기리보이) 중에서

군대 시절 나는 이른바 고문관이었다. 고문관은 말귀를 잘 못 알아듣는 병사에게 붙여지는 불명예스러운 별칭이다. 스물두 살의 나. 한창 자신만의 세계에 푹 빠져 있던 터라 유연하지 못하고 어딘지 모르게 삐딱했다. 남들 다 가는 군대라며 별걱정 없이 씩씩하게 입대했건만 쉽사리 적응하지 못했다.

머릿속이 복잡하다 보니 훈련 중에 부상도 잦았다. 처절한 무력감. 아침 6시 "빰빠라라라~" 기상나팔이 울릴 때마다 괴로웠던 그곳에서 홀로 랩을 중얼거린 것은, 나만의 '랩 테라피'였다. 때때로 랩은 외적으로도 놀라운 힘을 발휘했다. 내가 즉흥 랩을 들려주면 날 싫어했던 선

임병도 활짝 웃으며 즐거워했으니까.

그로부터 10년이 지난 가을, 환경 행사에 초청을 받아 올라간 무대가 있었다. 서울 대학로 거리에 세워진 야외무대. 공연을 마치고 무대에서 내려오니 누군가 나를 불러 세웠다. 그 선임병이었다.

"재홍 맞지? 야, 너 아직도 음악 하는구나. 잘 들었어."

언더그라운드, 힙합의 뿌리

한국 최초의 래퍼는 누구?

21C 힙합은 다국적 샐러드

한국 힙합이 탄생하다

힙합의 고향은 작은 동네

랩과 좀 헛갈리는 단어가 있다. 힙합Hip Hop. 랩과 힙합은 죽마고우처럼 꼭 붙어 다니는 단어인데, 랩이 힙합인지 힙합이 랩인지 애매하다. 딱 잘라 말하자면 랩은 힙합의 하나다!

힙합의 대표적인 표현 방법에는 4가지가 있다. 디제이DJ, 랩Rap, 브레이킹Breaking, 그라피티Graffiti. 여기에 북치기 박치기 '비트박스Beat Box'를 더해 힙합은 5가지라고 하는 이도 있다. 왜 이리 복잡하냐고? 설명하기가 간단치 않다. 시간을 거꾸로 넘어 1970년대의 미국으로 들어가 보자. 미국 동부 해안에 붙어 있는 뉴욕, 그중에서도 주로 흑인과 라티노들이 모여 사는 작은 동네에서 사건은 시작됐다.

1970년대에는 디스코 열기가 한창이었다. 나팔바지에 손가락으로 하늘을 찌르는 시원한 동작. 디스코Disco는 미국 흑인 음악, 훵크Funk를 변형시킨 흥겨운 춤과 음악이다. 미국 대중음악에서 흑인들의 업적은 이미 대단했다. 소울Soul · 재즈Jazz · 블루스blues · 횡크funk 등 흑인들이 주도해 만든 모든 음악은 전 세계로 퍼져 나갔고, 백인들은 그 음악을 모방하기에 급급했다.

흑인들이 여유롭고 잘살아서 베짱이처럼 유유자적 음악을 즐겼을까? 절대 아니다. 유럽인들에 종속된 흑인 노예의 역사는 모두 합해 350년에 달하고, 미국에서 노예 해방이 선언된 때는 1863년이다. 흑인들은 비로소 노예 신분에서 벗어났지만 여전히 가난을 면치 못했다. 사회적 지위는 예나 지금이나 형편없기 마찬가지다. 백인들은 흑인들에게 쓸 만한 일자리를 주지 않았다. 물건처럼 사고팔리는 신세에서 벗어났으니 충분하다는 눈치였다.

흑인들은 대부분 가난하기로 유명한 동네에 몰려 살았지만, 심심치 않게 동네잔치를 벌였다. 뉴욕 위쪽의 자치구 '브롱크스Bronx' 동네에서도 마찬가지였다. 그들은 입장료가 있는 음악 클럽에 드나들기가 부담스러웠다. 음악을 만든 건 자신들인데 정작 돈이 없어 즐길 수가 없으니 거리와 공원을 클럽으로 삼기로 했다. 문화적으로도 클럽보다는 거리가 나았다. 경계 없이 다양한 인종의 사람들이 모여들었고, 그 자리에서 기발하고 즉흥적인 시도가 벌어졌다.

그땐 커다란 레코드판으로 음악을 들었다. 지름이 두 뼘이 될 만한 시커멓고 무거운 원반인데 그걸 턴테이블 회전판에 껴 넣고 얇은 레코드 바늘을 그 위에 살짝 올려놓아야 비로소 소리가 난다. DJ라 불리는 이들이 그 무거운 레코드판과 턴테이블을 손수 가지고 다니며 공공장소에서 음악을 틀어 주었다. 그러면 사람들은 음악에 맞춰 자유롭게 춤을 즐겼다.

흑인들이 참 멋있는 것 같다. 흑인들은 멸망에 대해 얘기하지 않는다. 물론 고통스럽다고 얘기하지만 아주 일정하게 언제나 희망에 대해 노래한다.

<대한인디만세>에 실린 '3호선 버터플라이' 인터뷰 중에서

거리의 DJ는 자원 활동가와 다름없었다. 돈 한 푼 기대하지 않았다. 단지 그것은 자신이 창조한 파티였고, 사람들의 환호에서 긍지를 느꼈다. DJ는 턴테이블을 이리저리 조작해 음악을 새롭게 만드는 방법도 알고 있었다. DJ 기술에 능숙한 자메이카 사람들이 대거 뉴욕으로 이주해 왔기 때문에 발전은 더욱 빨랐다.

그들은 음악 중간에 타악기 연주가 주목받는 브레이크break 부분을 반복적으로 재생하고, 그 위에 각종 소리를 버무리기 시작했다. 레코드판을 손으로 잡아 비비면 삐비빅거리는 소음이 발생하는데, DJ는 그 소리마저 흥을 더하는 요소로 만들어 버린다. '스크래칭scratching'이라 불리는 기술이 그것이다.

악기 대신 오디오 기계를 악기 삼아 소음까지 연주한 거다. 놀라운 예술적 직관이다. 무無에서 유有를 창조한다는 게 이런 걸까. 그들이 누군가. 가혹한 노예 생활을 춤과 노래로 견디며 새로운 음악을 만들어 온 아프리카 조상의 유전자다.

힙합은 자선이야. DJ 쿨 헉Kool Herc은 이웃을 위해 공짜로 턴테이블을 연주했어. 최고였지. "당신의 랩을 듣고 싶어요."라고 누군가가 청해 온다면 때와 장소를 가리지 말고 랩을 들려주어야 해. 팔짱을 끼고, 돈 달라고 노려보진 마. 이게 원래 힙합의 규칙이니까.

'케이알에스 원KRS-One'의 강연 중에서

브레이크 리듬이 반복되는 DJ 주변으로 삼삼오오 래퍼들과 댄서들이 모였다. 중간중간 박자를 타며 말을 던지고 사람들을 환호시키는 재담꾼들, 기존의 춤 동작을 브레이크 리듬에 맞춰 강렬하게 가다듬은 춤꾼들이다. 그들은 춤추자는 뜻으로 "브레이크 하자!"고 말했다.
자신만의 글자 모양을 디자인해서 거리 곳곳에 스프레이 벽화를 남기는 아이들도 있었다. '그라피티'라고 불리는 이 벽화는 브레이크 리듬의 창조성을 흡수해 독창적인 회화 양식으로 발전해 나갔다.
어떤 이들은 입으로 각가지 드럼 소리를 연주했다. 이렇게 하면 DJ가 없는 곳에서도 신나게 랩을 즐길 수 있으니, 연주자는 움직이는 타악기 즉 비트박스와 다름없었다.
이 모든 것을 다 합해 우리는 이렇게 부른다. 힙합! 놀랍게도 힙합에는 특정한 창시자가 없다. 거리에서 어울려 지내던 이들이 자발적으로 서로의 기술을 보여 주고 연마하면서 공동으로 완성해 낸 것이니까.

랩은 힙합을 뛰어넘는다

랩은 힙합이라는 놀이터 안에 속하는 하나의 놀이 기구다. 그것들은 삐걱대면서 서로 화음을 이루고, 각자의 모습대로 움직이면서 하나로 어울렸다. 힙합 놀이터의 놀이 기구들은 각각 개성도 뛰어나서 재미도 각기 다르다. 그중에서도 랩은 유별나서 다른 놀이터에도 여러 개 설치되었다. 로큰롤rock'n roll 놀이터, 재즈jazz 놀이터, 일렉트로닉electronic 놀이터, 심지어 전통 음악 놀이터에도 크든 작든 하나씩 있다. 힙합이 아닌 여러 음악 장르에서 랩을 초대한 것이다. 랩은 '보컬vocal' 이다. 하지만 도레미 선율이 아닌 박자를 타는 보컬이다.

랩은 악기에 비유하자면 북과 같은 타악기다. 타악기는 선율 악기보다도 다양한 음악 장르와 쉽게 어우러진다. 사물놀이를 창시한 김덕수 선생은 이미 오래전 그의 음악에 래퍼를 초청했다.

눈치 보지 마, 신경 쓰지 마
다른 사람들의 시선을 의식하지 마
누구나 저마다의 색깔이 있고
자기만의 혼자만의 세계가 있어
약해지지 마 넌 날 수밖에 없는 거야
다른 사람이 널 대신할 수 없어
이젠 즐겨 봐, 이젠 느껴 봐

김덕수 <미스터 장고> 중에서

하지만, 명심해야 할 게 있다. 랩은 여러 장르를 수월하게 넘나들어 어울리지만, 힙합이라는 정체성을 쉽게 잃어버리지 않는다. 외국으로 이민해서 외국 회사에서 일하는 사람이 "그래도 저는 한국 사람입니다." 이렇게 얘기하듯이 말이다. 그의 행동과 정신에는 어딘가 한국 사람 특유의 색채가 묻어난다.

힙합의 정체성은 바로 즉흥성이다. DJ는 같은 음악이라도 언제나 변화를 주면서 음악을 들려준다. 춤을 추는 댄서는 정해진 안무 없이 즉흥적으로 서로의 기술을 선보이고, 그라피티 낙서가는 상황에 따라 이런저런 벽화를 남기고 사라져 버린다. 래퍼는 지금 눈앞에 펼쳐진 광경에 걸맞는 내용을 줄줄이 쏟아낸다.

"요, 거기 뒤에 앉아있는 아저씨, 그렇게 심각한 얼굴표정 무슨 일. 가볍게 일어나 앞으로 한 발 가까이."

래퍼들은 정해진 가사를 벗어나 즉흥적인 랩을 뽐내며 현장의 분위기를 뜨겁게 할 책임이 있다. 그래서 래퍼는 엠씨MC라는 또 다른 이름을 가지고 있다. 축제의 사회자처럼 관객과 호흡하고 Master of Ceremonies, 군중을 움직이는 Move the Crowd, 마이크 지휘자 Microphone Controller이기 때문에.

> 내가 아니면 아무도 할 수 없는
> 누군가는 바보처럼 걸어가야만 할 길이었다고
> 왜곡된 진실에 대한 증명
> 진흙탕에 핀 꽃 한 송이 근거 있는 실력
> 랩은 또 다른 드럼이다
>
> **피타입 P-TYPE** \<Skit - 힙합다운 힙합> 중에서

힙합 음악
위에서 아래로 고개를 끄덕이게 만드는 리듬이 반복되며, 그 리듬 위로 변화무쌍한 랩이 연속해서 쏟아지는 음악이다. 간단한 힙합 리듬의 예로 '쿠웅 따악'을 들 수 있다. '쿠웅'에서 고개가 끄덕이고 '따악'에선 확 내려앉았다 튕겨 오르는 기분. 이런 느낌이 확실하다면 힙합 음악일 가능성이 높다. 랩이 없는 힙합 음악도 있지만, 보통은 랩을 함께 아우른다. 반대로 랩은 가득하지만 힙합 리듬이 없다면 힙합 음악이 아니다.

한국 힙합이
탄생하다

1980년대 중반, 미국의 랩과 힙합은 가파르게 성장했다. 1990년에 들어서자 1980년대와는 비교할 수 없을 정도로 놀라운 래퍼들이 속속 탄생했다. 강렬한 힙합이 대중문화를 뒤흔들었다. 그 시절 국내의 가요계는 얌전한 트로트와 발라드가 대세였다. 무대 위에서 공중제비를 도는 소방차나 한국의 마이클 잭슨으로 불리는 박남정도 있었지만, 시대에 충격을 줄 정도는 아니었다. 그러던 차에 빅뱅이 터졌다. 1992년이다.

텔레비전 브라운관을 뛰쳐나올 듯 회오리 춤을 추는 '서태지와 아이들'이 한국어 랩을 터트린 것이다. 이전에도 아주 짧은 문장의 랩이 들어간 노래나 한바탕 수다를 떠는 노래가 있긴 했지만 잘해 봐야 랩을 흉내 내는 정도였다. 그때까지 국내 음악인들은 폼 나는 랩이란 영어로나 할 수 있는 거라고 생각했다.

서태지는 달랐다. 랩의 묘미를 살릴 수 있는 한국어 가사를 완성해 절반 이상을 랩으로 채웠다. 어떤 이는 서태지와 아이들 음악을 처음 듣는 순간 눈물을 흘렸다고 고백하기도 했다.
"드디어 우리를 위한 음악이 나왔구나!"

> 환상 속엔 그대가 있다
> 모든 것이 이제 다 무너지고 있어도
> 환상 속엔 아직 그대가 있다
> 지금 자신의 모습은 진짜가 아니라고 말한다
> **서태지와 아이들** <환상 속의 그대> 중에서

청소년들은 재빨리 그들의 옷차림과 춤사위를 따랐다. 그 이후로 랩 가요와 힙합 춤이 방송에서 줄줄이 쏟아졌다. 나는 그들이 소개하는 힙합 문화에 매료되어 신바람 나는 청소년기를 보냈다. 실시간으로 녹화해 놓은 가수들의 춤을 수십 번 되감아 익히려면 하루가 짧았다. 학교에선 쉬는 시간마다 교실 뒤편에서 친구들에게 춤 전수해 줘야지, 종이에 받아 적은 가요 랩도 외워야지, 늘 시간이 부족했다.

그러고 보니 교실 뒤편에서 한 나의 행동은 거리에서 발생한 힙합의 기원과도 닮은 꼴 아닌가. 통찰력이 있었던 건가? 뭐 꼭 그런 건 아니다. 기획사를 통해 데뷔한 가수들조차 힙합은 거리의 문화임을 강조했던 터라 보고 배운 것이었다.

가요계의 힙합은 실제 '거리'와는 거리가 한참 멀었다. 하지만 미국 힙합에서 보고 들은 게 있으니 가수들은 거리의 힙합을 열심히 연출했다. 가사 내용과 옷차림, 뮤직비디오에서 말이다. 나는 실체도 없는 그것이 무작정 낭만적으로 느껴졌다. 주류 방송에 출연하는 가수들을 통해 비주류 문화의 정서를 익힌 셈이랄까. 우습게도 앞뒤가 맞지 않는 상황이다.

이런 억지스러운 연출이 나쁜 것만은 아니었다. 1992년까지 가수들의 옷차림은 말쑥하기만 했다. 서태지와 아이들 이후로 옷차림이 편안해졌다. 그들은 무대복이라고 할 수 없는 싸구려 옷가지와 청바지를 요란하게 챙겨 입었다. 심지어 모자의 상표도 떼지 않았다. 그대로 거리를 돌아다닌다 해도 제법 튀는 정도랄까, 무대와 일상의 경계가 실로 희미했다.

힙합 듀오 '듀스'는 큰 격자무늬 남방을 헐렁한 바지춤에 구겨 넣고 야구 모자를 눌러 쓴 패션으로 최고의 인기를 누렸다. 발끝에서 머리끝까지 완벽한 지금의 아이돌 가수와 비교하자면 너저분해 보일 정도다. 나는 그런 게 좋다. 힙합이잖아! 에미넴이나 제이지 같은 세계 최고의 래퍼들의 옷차림을 봐도 그냥 평범하다.

한국어 랩에 불이 붙자 가요계는 남녀 간의 사랑 일색에서 벗어났다. 랩을 두고 평론가들은 이렇게 설명했다. 거리에서 태어났는데 저항적인 록 음악처럼 기성세대에 대한 반항심이 잘 어울리는 음악이라고.

서태지와 아이들은 그 본보기였다. 매번 사회적으로 의미심장한 가사를 쓰고, 그것을 화제로 만들더니 결국 가수의 신분을 넘어 '문화 혁명가'의 반열에 오르게 되었다. 서태지와 아이들의 영향으로 힙합은 '철학적인 랩이 섞인 춤과 음악' 정도로 대중에게 받아들여졌다. 최초의 아이돌 가수라 평할 수 있는 H.O.T 또한 학교 폭력의 현실을 고발하는 무거운 랩으로 등장했다. 그 분위기를 이어 간 것이다.

> 아 니가 니가 니가 뭔데
> 도대체 나를 때려 왜 그래 니가 뭔데
> 힘이 없는 자의 목을 조르는 너를 나는 이제
> 벗어나고 싶어!
>
> H.O.T <전사의 후예> 중에서

그러나 서태지와 아이들을 비롯해 랩을 구사하는 수많은 한국 가수는 순수한 래퍼의 모습이 아니었다. 꽉 짜인 안무에 고음의 노래까지 소화해야 하는 댄스 가수였다. 처음부터 끝까지 랩으로만 달려가는 미국 흑인들의 힙합 공연을 보라. 랩을 하는 사람들은 오직 마이크에 집중할 뿐이고, 그만큼 그들이 구사하는 랩의 다채로움과 멋스러움은 차원이 달랐다.

가요계의 힙합 가수들은 음악에 랩을 이용하는 수준이었을 뿐, '랩의 랩에 의한 랩을 위한' 진짜 래퍼는 아니라는 걸 나는 알아차렸다. 힙합에 맛을 들이기 시작한 음악 팬들은 외국의 랩 음악을 찾아 들어야 했다. 지금처럼 인터넷이 깔리지 않은 때라 어려움은 컸다. 수입 음반은 가격이 두 배가 넘었다. 가끔 외국에 다녀온 사람이 희귀한 음반이나 비디오를 구해 오면 난리가 났다.

그러한 시기에 열성적인 음악 팬들의 기대에 부응한 래퍼라는 인물이 나타났다. 남성 듀오 '패닉'의 김진표였다. 그가 방송에서 두각을 나타낸 것은 1995년이다. 그는 처음부터 자신을 래퍼라 소개했다. 노래는 부르지 않고 랩만 했다. 또 랩을 할 때만큼은 춤을 추지 않았다.

고3 나이에 선구자적인 혜안을 지니고 대단한 용기를 발휘한 것이다. 두 해가 지나고 그는 랩으로만 된 솔로 앨범으로 승부를 걸었다. 파격적인 사건이었다. 주위에서 걱정이 많았다. 노래 선율이 부족한 랩 음반은 대중에게 아직 낯설었고, 그는 그다지 알려진 가수가 아니었다.

싸울 일 없고 다툴 일 없고
이리저리 시간에 쫓길 일 없고
여기저기 신경 쓸 일 또한 없고
모든 게 신기하고 모든 게 신비롭고
항상 신 나고 귀여운 샘도 내고
두더지 집도 지어 보지
여우야 여우야 뭐 하니
여기야 저기야 죽었니 아니 살았니
무궁화 꽃이 피었니 다방구도 하고

김진표 <가위 바위 보> 중에서

결과는 성공이었다. 1997년을 기점으로 진정한 랩의 물꼬가 트였다.

가요계와 언더그라운드 클럽에 래퍼들이 하나둘 몰려들기 시작한 것이다. 가요계에는 힙합 본토인 미국과 인연이 있어 현란한 영어 랩을 구사하는 래퍼들(드렁큰 타이거, 업타운 등)이, 언더그라운드에는 한국어 랩을 발전시키려는 선구자적인 래퍼들(가리온, 허니 패밀리, 씨비매스, 주석 등)이 유명했다.

이 둘은 서로에게 영향을 주고받으며 크게 성장했는데, 꾸준한 음악 활동으로 유명 연예인이 된 타이거 JK와 윤미래 그리고 다이나믹듀오와 리쌍은 모두 이때부터 한국 힙합에 힘껏 뛰어든 이들이다.

힙합의 의미

힙은 '앎'이고, 합은 '움직임'이라는 뜻이다. 그래서 미국의 전설적인 래퍼 케이알에스 원KRS-One은 힙합의 뜻을 '지식을 얻어 도약하는 것' 또는 '깨어있는 의식으로 움직이는 것'이라 말한다.

언더그라운드
힙합의 뿌리

씨앗을 뿌리면 땅 아래로 뿌리가 나고 가지를 뻗어 열매를 맺는다. 힙합도 그렇다. 거리에서 뿌려진 힙합의 씨앗들은 땅 아래 '언더그라운드'에서 단단해졌고, 그 후로 대중에게 전파되어 풍성해졌다. 언더그라운드는 '언더그라운드 클럽'에서 숙성되는 문화와 음악을 일컫는다.

언더그라운드 클럽은 주로 지하에 있는 라이브 클럽live club을 뜻한다. 좁고 어두운 계단을 내려가면 퀴퀴한 곰팡내도 나고… 그런 곳이다. 그곳에 열정의 음악가들이 있다. 음악을 직업 삼기보다 음악을 하지 않으면 견딜 수 없는 이들이다.

클럽을 찾는 소수의 음악 팬들은 '진정성'을 듣고 싶어 한다. 상업적인 음악과는 다른 것을 원한다. 이름난 프랜차이즈 음식점보다 작지만 주인이 직접 요리하는 음식점을 찾는 미식가처럼 말이다. 그런 곳의 요리사는 자신만의 요리법을 개발해서 맛보게 하고, 왜 이런 요리를 만들었는지 이런저런 이야기도 해 준다. 심지어 그 과정까지 눈앞에서 공개하기도 한다. 다른 곳에 없는 요리가 탄생하고, 행여 맛있지 않을지라도 감동이 있다. 비유하자면 언더그라운드의 음악이 바로 그런 요리다. 특히 힙합과 록 음악은 언제나 언더그라운드에서 새로운 형식을 탄생시켰다.

한국의 힙합은 역순이다. 대중 매체에서 무성해진 힙합이 언더그라운드 힙합을 탄생시켰다. 무성한 가지를 잘라 땅에 꽂았더니 뿌리가 나온 격이다. 하여간 뿌리가 있어야 잘려 나온 가지도 살아남아 나무가 될 수 있다. 언더그라운드 힙합이 없었다면 한국어 랩의 진화는 부진했을 테다.

언더그라운드의 래퍼들은 텔레비전의 래퍼들보다 장인 정신이 투철했다. 돈은 못 벌어도 자부심이 컸으니까. 편의점 아르바이트로 생활비를 조달하면서도 완성도 있는 음악과 랩을 만들기 위해 전력을 다했다.

클럽으로 몰려든 팬들은 단순히 "음악 좀 들려줘."가 아니라, "여기 우리가 있잖아. 힘내!" 이런 사람들이다. 마침내 언더그라운드 힙합은 주류 음악계와 활발한 교류를 시작했고 언더와 오버 사이의 명확했던 경계가 희미해졌다. 없던 교집합이 생긴 거다.

하지만, 교집합에 휩쓸려 언더그라운드의 큰 부분이 상실됐다. 힙합 문화를 알린다는 언더그라운드 래퍼 다수가 어느 순간 인기 가요 같은 음악만 쏟아 냈다. 그들은 언더그라운드로 돌아오지 않았다. 클럽은 문을 닫았다.

갑자기 뿌리가 시들었다. 그 결과는 나무 전체에 영향을 미친다. 그렇지만 여전히 시들지 않은 언더그라운드 래퍼들과 음악가들이 있는 힘을 다하고 있다. 다행이다. 누군지 궁금하다고? 미안하지만 쉽게 알려줄 수 없다. 음악을 탐구하고 거리와 라이브 클럽에서 들려오는 힙합에 귀 기울이다 보면 그들과 직접 만나게 된다.

얼굴을 마주하고 대화해보라. 그들은 연예인이 아니라 힙합 마을 안의 이웃들이다. 나무를 사랑하려면 뿌리의 모양과 필요한 거름까지 잘 알아야 한다. 마찬가지로, 대중문화를 이해하려면 무성한 주류 문화뿐만 아니라 잘 보이지 않는 비주류 문화까지 섭렵해야 한다. 그곳까지 열심히 발품을 파는 당신! 양분이 가득한 문화의 거름이다.

> 남기지 말자 아쉬움이란 거
> 한 살이라도 더 젊을 때 달려
> 음악 하는 게 뭐 대단한 건 아냐
> 정말 놀라운 건 이런 날 향한 사랑
> 살 만한 삶이야, 자그만 한 아이가 다 커서
> 이런 랩을 하고 있으니까 말이야
>
> **프라이머리** <3호선 매봉역> (Feat. 팔로알토, 빈지노) 중에서

21세기 힙합은 다국적 샐러드

1980~1990년대 중반, 미국의 힙합 음악은 나날이 성장하며 흑인이라 불리는 아프리카계 미국인들의 사회를 대변했다. (우리가 더 이상 황인이 아니듯, 흑인이란 말도 언젠가 사라져야 한다.) 많은 래퍼가 랩으로 울분을 토했다. 흑인들의 권리는 비참했다. 1930년대까지만 해도 백인들에게 두들겨 맞아 숨을 거둔 흑인 청년의 시신이 동네 나무에 버젓이 걸려있었다. 어떤 백인들은 그 앞에서 히죽거리며 기념 촬영까지 했다. 그 광경을 시로 표현한 노래가 있다. 재즈 가수 '빌리 홀리데이Billie Holiday'의 〈이상한 과일Strange Fruit〉.

Southern trees bear strange fruit
남쪽* 지역의 나무에 열린 이상한 과일

* 미국의 남부를 뜻한다. 북부에 비해 흑인 혐오가 유난히 심했다.

Blood on the leaves Blood at the root
잎들에 묻은 피 뿌리에 묻은 피

Black bodies swinging in the southern breeze
선선한 남쪽 바람에 흔들리는 검은 몸뚱이들

Strange fruit hanging from the poplar trees
포플러 나무에 매달린 이상한 과일

빌리 홀리데이Billie Holiday <Strange Fruit> 중에서

빌리 홀리데이를 비롯한 위대한 흑인 음악가들은 애잔하고 슬픈 목소리로 역사를 기록하고 들쑥날쑥 흥겨운 음악으로 현실을 이겨냈다. 래퍼들은 그렇지 않았다. 할 말은 하고 살아야겠다는 거다! 흑인 고등학교 학생들은 푹푹 찌는 한여름의 교실에서 이렇게 투덜거렸다. "아휴, 더워! 여기가 무슨 흑인 노예선이에요!'"

가슴속 응어리는 단단했다. 흑인들은 빈민가에 몰려 살았고 졸업생들은 마약 거래 똘마니 짓이나 하고 있으니… 그러다 감옥 간 선배들이 한둘이 아니다. 우등생이 아닌 이상, 음악과 운동으로 성공해야 한다고 다짐한다. 그런데 그건 뭐 아무나 하나.

삶은 늘 위험했다. 미국은 개인의 총기 소유가 가능하다. 경찰 입장에선 범인으로 '보이는' 사람이 있으면 철저히 방어해야 한다. 일단 총을 겨누는 것이다. 쫓기는 사람도 위험하다. 흑인은 더더욱! 재수 없이 흑인을 경멸하는 백인 경찰을 만났다간 별일 아니고도 잡혀갈 수 있다. 경찰은 흑인 사회의 '공공의 적'이나 다름없었다. 경찰이 무서워 자신도

모르게 내달리다가 먼저 천국으로 간 친구도 있다. 막다른 골목에서 벌벌 떨며 뒤척였는데 총기 소지자로 오해받은 것이다. 그 친구는 골목에서 모두를 위해 음악을 틀어준다며 디제잉을 연습 중이었다. 완전 엉망인 사회다.

일부 래퍼들은 거칠 것 없이 경찰을 향해 저주와 욕설을 퍼부었다. 이런 랩은 소위 '갱스터 랩'으로 상품화되었고, 마피아를 소재로 한 영화처럼 큰 인기를 끌었다. 하지만, 그들은 때때로 시인으로 돌변했다. 공책에 가사를 적어가며….

How many brothers fell victim to tha streetz
얼마나 많은 형제들이 희생양으로 거리 위에 쓰러져 갔나

Rest in peace young nigga, there's a Heaven for a 'G'
젊은 깜둥이들이여, 평화롭게 잠들길. 갱스터에게도 천국은 있어

be a lie, If I told ya that I never thought of death
내가 죽음을 생각해 본 적이 없다고 말한다면 거짓말이지

my niggas, we tha last ones left
나의 흑인 형제들, 우리가 마지막까지 살아남은 자야

but life goes on…
하지만 인생은 흘러간다…

투팍Tupac <Life Goes On> 중에서

힙합 댄스와 달리 힙합 음악은 흑인들의 전유물이었다. 어떤 래퍼들은

흑백을 막론하고 교류했지만, 다수의 흑인에게 백인들의 랩은 꼴불견이었다. 흑인들이 마음을 모아 완성한 힙합 아닌가. 백인 래퍼들이 인기를 누리는 꼴도 보기 싫었고, 랩 실력도 성에 차지 않았다. 그들의 귀에 백인들의 랩은 열심히 빽빽거리기일 뿐.

많은 흑인들은 그들만의 '흑인 영어'를 즐겨 썼다. 이건 백인들의 잘난 언어가 아니라, 흑인들의 모국어 같은 것이다. 실제로 완전 흑인 영어로 대화하면 백인들은 거의 알아듣지 못할 수준이다.

스모 선수 같은 몸매에 저음의 랩으로 유명한 '노토리어스 B.I.G The Notorious B.I.G'는 사치스러운 생활을 상상하며 랩을 써 내려 갔다. 랩 가사는 좀 가관이다. 주인공은 아까운 줄 모르고 돈을 뿌려 댄다. 내용만 보면 유치하고 대책이 없다. 하지만 그 역시 총탄에 숨을 거두고 말았을 때 그의 팬은 이런 말로 그를 추억했다.

"B.I.G에게 고마워. 그의 음악은 나를 파티로 초대해 주었지. 빈털터리인 나를 말이야."

B.I.G는 팍팍한 현실의 흑인들에게 상상의 탈출구를 열어 주었다.

Phone bill about two G's flat
전화 요금은 200만 원쯤

No need to worry, my accountant handles that
걱정 마, 내 회계사가 알아서 할 거야

And my whole crew is loungin
내 동료들은 할 일 없이 어슬렁거리고 있어

Celebratin' every day, no more public housin
매일 신나, 더 이상 허름한 집이 아니니까

노토리어스 B.I.G. <Juicy> 중에서

1990년대 힙합의 발전은 눈부셨다. 동시에 힙합은 폭력적이라는 인식도 여기에서 나왔다. 그걸 오해라고 할 수는 없다. 명곡이라 불리는 힙합 음악이 이 시기에 집중되어 있는데, 그중에는 지나치게 폭력적이거나 여성을 비하하는 내용이 많기 때문이다. 그와는 반대되는 여성 래퍼들도 여럿 등장했고 명곡을 남겼지만, 수적으로 보면 한참 열세다. 1990년대 명반을 찾아 듣는 세계의 힙합 음악 팬들은 자극적인 가사에 쉽게 반응하고 흉내 낸다.

우리는 그 폭력을 '흉내'내지 않고 '이해'할 필요가 있다. 곰곰 생각해 보자. 세계 식민지 역사에서 원주민들의 저항은 피의 역사였다. 그런데 흑인들은 그토록 오랜 세월 노예 생활을 하면서도 저항의 흔적이 대단치 않다. 아니, 미미하다. 부드러운 아프리카의 피부처럼 모질지가 않았나 보다. 갱스터도 시를 쓸 정도니 말이다. 견디고 버텼다.

하지만 감정의 앙금들은 태산이 되었다. 현대의 화려한 도시 속 흑인들은 어떤가? 더욱 찌들어 보였다. 여기에 분노의 불씨가 붙었다. 음악도 분노도 활활 타올랐다. 그들은 미국의 국민으로서 권리가 무엇인지를 배웠고, 랩으로 사회에 반발했다. 젊은 혈기는 때로 랩을 통해 테러를 시도했다. 밖으로 던진 불길은 좀처럼 꺼지지 않았고, 집 안으로도 번졌다. 흑인들의 힙합 사회에 피해를 준 것이다.

집 안에 붙은 불은 위험했다. 투팍과 노토리어스 B.I.G., 힙합을 대표하는 두 명의 래퍼가 차례로 총탄에 목숨을 잃었다. 1996년과 1997년의 일이다. 힙합 내부의 싸움에 말려 소중한 이들을 잃자 통탄이 밀려왔다. 폭력은 이제 그만! 힙합 안의 자아 성찰의 목소리가 퍼졌다. 래퍼 탈립 콸리Talib Kweli와 모스뎁Mos Def은 랩으로 아픔을 되새겼다.

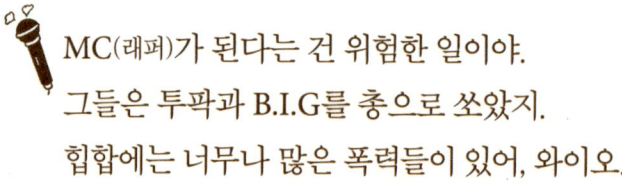

MC(래퍼)가 된다는 건 위험한 일이야.
그들은 투팍과 B.I.G를 총으로 쐈았지.
힙합에는 너무나 많은 폭력들이 있어, 와이오.

갱스터 래퍼들의 드센 기운에 밀려 있던 '성찰적인 래퍼'들이 두각을 나타내기 시작했다. 본래 비폭력은 흑인 역사의 전통이다. 1955년 로자 파크스Rosa Parks 여사가 버스에서 백인 승객에게 자리를 양보하지 않았다는 이유로 체포되었을 때, 흑인들은 버스에 불을 지르지 않았다. 그들은 '버스 안 타기' 운동을 벌였다.

미국 흑인 민권 운동의 아버지라 불리는 마틴 루터 킹Martin Luther King Jr. 목사가 앞장섰다. 381일 동안 흑인들은 일에 지친 피곤한 몸으로 먼 길을 걸어 다녔고, 대법원은 마침내 '버스에서의' 인종 차별은 불법이라는 결과를 대단한 듯 내놓았다. 그제야 흑인들은 자신을 환영하지 않는 상점이나 학교에도 찾아가기 시작한다. 문전박대를 당하고 토마토 세례를 피하면서! 1964년, 드디어 인종 차별 금지가 미국 전체에 선포되었다. 와이오!

> 난 MC들이 생각나는 모든 것을 랩으로 표현할 수 있어야 한다고 생각한다. 그런데 내가 정말 바라는 건 앨범을 내는 회사들이 아티스트가 보다 큰 주제에 대해 랩을 할 수 있도록 영감을 주는, 의미 있는 주제들에 투자하는 거다. 의미 있는 것들에 대해 노래하는 래퍼들이 정말 많다. 단지 라디오에서 소개되지 않을 뿐이다. 라디오에서 그런 음악이 더 많이 나올 수 있도록 해야 한다.
>
> 《하우 투 랩》에 실린 '윌아이엠(will.i.am)' 인터뷰 중에서

투팍은 그의 음악 〈Changes〉에서 이렇게 랩 했다. "우리는 아직 흑인 대통령을 맞이할 준비가 안 되었다네." 그가 살아 있어 미국 최초의 흑인 대통령 오바마를 보았다면 얼마나 행복했을까.

21세기로 건너오며 힙합은 큰 변화를 겪는다. 1999년, 래퍼 에미넴이 새로운 시대를 열었다. 그는 흑백을 뛰어넘어 극찬을 받았다. 어린 시절, 또래 흑인들에게 수없이 두들겨 맞아 혼수상태까지 빠졌던 에미넴. 그는 흑인들을 욕하지 않았다. 어쨌거나 세상에서 가장 비참하다 생각한 자신을 붙들어 준 건 흑인들이 창조한 랩과 힙합이니까.

21세기 힙합은 흑인들만의 문화가 아니다. 언더그라운드에서 최고의 팝 스타로 탈바꿈한 힙합 그룹 '블랙 아이드 피스The Black Eyed Peas'의 구성원을 보라. 아프리카계, 멕시코계, 필리핀계 래퍼들이 멋지게 화합한다. 이 그룹의 리더 '윌아이앰will.i.am'은 그의 뮤직비디오에 큼지막한 한

글 그래픽을 마구 넣었다. 랩 가사의 핵심 단어들을 한글로 풀이해 넣은 것! 이유는 한글이 좋아서라나. 한국 동포를 주축으로 결성된 힙합 그룹 '파 이스트 무브먼트Far East Movement' 또한 특별하다. 그룹의 구성원들 모두 동양계 미국인인데, 지난 2010년 랩 음악으로 빌보드 차트 1위에 올라 음악 팬들을 놀라게 했다. 겉으로만 슬쩍 봐도 이 정도니 언더그라운드 힙합과 래퍼들은 어떨지 대충 짐작이 가겠지? 투팍이 살아 돌아온다면 아마 적응이 안 될 거다.

21세기의 힙합은 이제 미국만이 최고가 아니다. 각 나라의 힙합이 각자 최고다. 1990년대엔 미국 본토에서 살다 온 래퍼라 하면 일단 떠받들어 줬다. 한국 힙합계는 미흡함이 많고 정체성이 확립되지 않았기 때문이다. 이제는 다르다. 한국어 랩만이 나의 정서를 잘 표현할 수 있고 한국어 랩만의 놀라운 묘미가 있다. 그걸 찾아냈다.
2016년, 우리나라 힙합 프로듀서 킵루츠의 주선으로 래퍼 탈립꽐리Talib Kweli와 비와이가 콜라보레이션 곡을 발표했을 때, 비와이는 한국어 랩으로 자신의 부분을 채웠다.
다른 나라들도 마찬가지다. 쿠바의 전통 재즈를 좋아하는 여행객들에게 쿠바 젊은이들은 이렇게 말한다. "쿠바는 힙합이지. 쿠바 랩을 들어보라고!" 쿠바에서는 매년 국제 힙합 페스티벌이 열린다. 캄보디아의 여성 래퍼 '리샤Lisha'는 어려운 이웃을 격려하는 랩으로 사랑받고 있다.
팔레스타인 래퍼들은 또 어떤가. 이스라엘의 폭압과 보수적인 어른들 사이에 끼여 곤란한 자신들의 처지를 랩으로 읊는다. 팔레스타인 랩 그룹 'DAM'은 음악과 다큐멘터리를 통해 국제적인 지지를 받았다. 이미 유럽 공연을 다녀왔다고 한다.

동양의 신비함이 가득한 힙합 음악을 만들어 감동을 전한 이도 있다. 일본의 힙합 DJ 누자베스Nujabes. 그가 불의의 교통사고로 세상을 떠났을 때 전 세계의 힙합 팬들은 진정 슬퍼했다. 누자베스는 그윽이 눈을 감고 힙합 음악을 감상할 수 있게 만든 아름다운 선구자였다. 그는 자신의 힙합 음악에 전 세계 래퍼들을 초청해 음반을 완성했다.

> 그에겐 특유의 음을 찾아내는 능력이 있어요. 그리워하거나 생각에 빠지는 것, 회상한다든지… 그런 감정의 부분이랄까요.
>
> 래퍼 싱고투(Shing02), 누자베스 추모 인터뷰 중에서

일본에서 열린 누자베스 추모 콘서트에는 그와 작업했던 래퍼들이 멀리서 찾아와 공연을 이끌었다. 팬들은 힙합으로 눈물을 흘렸을 것이다. 누자베스의 음악에 실린 랩 한 소절을 떠올리며….

누자베스, 부디 R.I.P.(Rest in Peace).

🎤 비트에 선율을 더하면 그게 바로 치료제. 잃어버린 영혼들은 가벼워진 휴식이 필요해. 세계로 번져 나간 힙합처럼, 우린 이처럼 평화롭게.

인디 & 언더그라운드

인디indie는 '독립적인'을 뜻하는 인디펜던트independent의 줄임말로 방송 중심의 대형 음악 시장에서의 독립을 의미한다. 간단히 말해 비주류다. 대부분의 주류 음악은 짧은 기간 안에 큰 수익을 내야 하므로 유행에 민감하고 획일화된다. 인디 음악은 우선 자신의 개성을 살려 만든다.

'인디 밴드'와 '인디 음악가' 그리고 그들의 활동을 돕고 이익을 나누는 '라이브 클럽'과 '인디 기획사', 모두 인디의 테두리에 속한다. 일반적으로 인디 밴드와 인디 음악가는 라이브 클럽에서 공연 활동을 펼치고 인디 기획사를 통해 음반을 제작한다. (인디 기획사를 겸하는 라이브 클럽도 있다.) 집에서 홀로 음원이나 음반을 제작해 개인적으로 유포하는 방식 또한 인디의 영역이다.

누가 인디인가는 판단하기 어렵지만, 방송과 상관없이 음악 활동을 즐기며 지속해서 팬들을 양산해 내는 인물이라면 일단 인디답다. '장기하와 얼굴들'이 대표적인 인디 밴드다. 인디에서 활발한 활동을 하던 중 대중에게 널리 알려졌을 뿐이지, 방송 출연에 연연하지 않는다.

장기하와 얼굴들의 초기 활동을 지원한 곳은 인디 기획사 '붕가붕가 레코드'다. 붕가붕가 레코드의 표어는 '지속 가능한 딴따라질'. 딱 인디답다. 방송 섭외가 끊기더라도 지금처럼 인디에서 활동하면 된다. 대중에게 잊힌 것 같다며 방송계 주변을 기웃거릴 이유가 없다. 창작의 원동력을 흥행에서 찾으려는 순간, 인디에서 이탈한다.

우리나라에서 인디는 언더그라운드 문화가 정착된 다음에 나왔다. 언더그라운드 클럽 사람들이 합심하여 음반을 제작하고 스스로 판매 유통망과 소규모 홍보 매체를 구축하면서, 인디라는 말이 널리 퍼지게 된 것. 여전히 인디는 음악 중심의 개념이다. 독립 영화가 '인디 영화'라는 새 이름을 얻은 것 외에 아직 뚜렷한 확대 징조는 없다.

반면 언더그라운드의 개념은 음악에 국한되지 않는다. 실험적인 미술, 만화, 영화, 무용 등 비주류 성향의 문화 예술을 아우르는 용어로 쓰인다. 즉 언더그라운드는 확실한 '비주류 성향과 태도'를 의미하는 용어로도 쓰인다는 말이다.

누군가 '나는 언더그라운드야.'라고 말한다면 인기 예능 프로그램에서 섭외 요청이 와도 출연하지 않을 가능성이 있다.

음악 부문에 있어서만은 언더그라운드의 개념이 거의 사라졌다. 언더그라운드라 불리던 클럽 대부분이 인디 클럽으로 시대적 전환을 했고, 언더그라운드의 무거운 느낌은 다소 부담스러운 점이 있다.

인디는 발음도 경쾌하고 언더그라운드의 개념을 상당 부분 포괄한다. 또, 지하가 아닌 지상에 문을 여는 클럽도 많이 생겼다. 1층이나 2층에 자리한 클럽 이름 앞에 언더그라운드를 붙이는 건 심히 어색하다.

그렇다면 언더그라운드 음악은 인디 음악의 옛말로 시대를 마감한 걸까? 꼭 그렇지는 않다. 지하의 라이브 클럽과 그 안에서의 음악 공동체를 중시 여기는 사람이라면 아직 언더그라운드에 애착을 가진다. 구체적인 실체가 없는 인디에 비해, 언더그라운드는 문자 그대로 지하 클럽을 상징하기 때문이다. 지하에서의 공동체적 온기가 느껴진다.

여기서 혼선이 생긴다. 힙합 음악에서 말하는 언더그라운드는 무엇인가? 비주류 성향과 태도는 아니다. 최소한 한국의 언더그라운드 힙합 음악에선 인디 이상의 비주류 성향을 발견할 수 없다.

언더그라운드라 불리는 래퍼들의 많은 수가 화려한 무대와 직업적인 성공을 꿈꾸고 있다. 이미 오래전에 힙합 라이브 클럽이 사라져 더욱 그렇다. 그 자리에 인기 차트의 힙합 음악을 즐겨 트는 사교적인 클럽만 잔뜩 늘어났다. 이 둘을 같은 힙합 클럽으로 여기면 곤란하다. 즉, 지금 상황에선 언더그라운드가 라이브 클럽을 내포하는 것도 아니다.

현재 한국의 '언더그라운드 힙합 음악'은 성격상 인디다. 방송 중심의 대형 음악 시장에서 벗어나 독자적인 창작물을 내놓는 힙합 음악계. 이 정도로 이해하면 좋겠다.

셋.

답답하지? 외롭지?
소리쳐 봐!
: 래퍼들의 가사 살피기

여기서 소개하는 음악 12곡을 웹페이지에 정리해 놓았다. 스마트폰이나 컴퓨터에 화면을 띄워놓고 책을 읽으면서 순서대로 들어보자.
rappers.modoo.at

우릴 조그만 교실로 돌아넣고

젓가락질 잘해야만 밥 잘 먹나요

무소유한 영혼으로 남으라

나를 래퍼라 소개하면 즉각 반응을 보이는 분들이 있다. 해맑은 미소로 래퍼의 모습을 흉내 내며 멋쩍게 반가워한다. 평소 랩에 관심이 있다는 증거다. 그런데 많은 이가 잘못된 두 가지 특징을 보인다. 하나는 알파벳의 'R'을 발음하듯 말끝마다 혀를 푸는 것이요, 다른 하나는 영어로 시작해 영어로 끝내는 것이다.

"컴온, 와썹맨, 푸처핸썸…" 자고로 랩이란 영어 단어를 줄줄이 늘어놓으며 취기 오른 사람처럼 발음하는 거로 생각한다. 그게 아니거든! 사실은 정반대다. 래퍼는 혀를 단련시켜 발음을 분명히 해야 한다. 그리고 모국어를 최고로 친다. 한 음절 단어 '숲'을 발음하더라도 정신과 정서를 집중해야 하기 때문이다.

> 숲이라고 모국어로 발음하면 입안에서 맑고 서늘한 바람이 인다. 자음 〈ㅅ〉의 날카로움과 〈ㅍ〉의 서늘함이 목젖의 안쪽을 통과해 나오는 〈ㅜ〉 모음의 깊이와 부딪쳐서 일어나는 마음의 바람이다. 〈ㅅ〉과 〈ㅍ〉은 바람의 잠재 태이다. 이것이 모음에 실리면 숲 속에서는 바람이 일어나는데, 이 때 〈ㅅ〉의 날카로움은 부드러워지고 〈ㅍ〉의 서늘함은 〈ㅜ〉 모음 쪽으로 끌리면서 깊은 울림을 울린다. 그래서 〈숲〉은 늘 맑고 깊다.
>
> 김훈, 《자전거 여행》 중에서

글자 하나에 실로 엄청난 소리가 숨어 있다. 이 소리를 어떻게 조합하여 발음하느냐에 따라 개성 있는 리듬과 랩이 창조된다. 말을 뱉는 순간

감 잡아야 한다. 찰나에 세밀한 감정까지 불어넣어야 감동이 온다. 모국어가 아니면 불가능하다. 숲을 발음하면서 어떤 이는 햇빛 찬란한 여름의 숲 속을 떠올릴 것이고, 누군가는 구름이 약간 드리워진 회색의 겨울 숲을 상상할 것이다. 그 차이가 랩의 차이를 만든다.

'포레스트forest'나 '우즈woods'를 발음해 보라. 어떤 숲의 모습이 떠오르는지. 영어 회화에 능숙한 정도로는 영어 랩을 잘할 수 없다. 많은 래퍼가 흥을 돋우기 위해 짧은 영어를 즐겨 하는 건 맞다. 풋 유어 핸즈 업 Put your hands up, 댓츠 요 That's yo, 피스 Peace, 세이 호 Say Ho 등이 대표적이다. 이것들은 힙합의 전통적인 여흥구다. 의미는 둘째치고 소리 자체에 흥이 있다. 풍물을 배우는 외국인이 "얼쑤"나 "지화자"와 "좋다" 정도는 자연스럽게 외쳐야 하지 않겠나. 풍악 중간에 신이 나서 저절로 떨게 되는 수다는 자기 말로 하더라도.

반복해서 말하지만, 힙합의 기원은 '흑인 영어'라는 점이 중요하다. 미국 흑인들은 조상의 언어를 완전히 빼앗겼다. 대신 아프리카 말투를 닮은 자신들의 영어를 만들어 썼다. 백인들의 말은 부드럽고 헐렁한 흑인들의 몸짓에는 어울리지 않았으니까. 좀 과장일지 모르겠지만 어머니 말을 향한 애틋함, 그런 게 느껴진다.

노예 신분으로 끌려와 정착한 전 세계 흑인에게 아프리카는 그들의 정신적 고향이다. 그래서 '아프리카로의 회귀'라는 주제는 흑인 예술계에 흔하다. 힙합에서도 예외는 아니다. 이제는 잊을 법도 하건만 여전히 '아프리카'를 강조하는 미국의 래퍼들을 보라. 힙합의 할아버지 '아프리카 밤바타Afrika Bambaataa'는 아프리카 추장 차림으로 무대 위에 올랐고, 힙합 그룹 '어레스티드 디벨롭먼트Arrested Development'는 아프리카의 전통 억양을 랩에 실었다. 내 안의 아프리카를 이야기하기 위해서. 그러니 힙합의 영어는 영어가 아니라 '영혼의 어머니 말'이다.

Africa's inside me 내 안의 아프리카여
taking back her child 당신의 아이를 되찾으세요
she's giving me my pride 그녀는 날 자랑스럽게 하고
and setting me free 자유롭게 하네
어레스티드 디벨롭먼트 <Africa's Inside Me> 중에서

2016년, 미국 최고의 대중음악 시상식 그래미어워드Grammy Award에서 래퍼 켄드릭라마Kendrick Lamar는 아프리카를 상징하는 무용수들과 춤을 추었고, 아프리카 대륙의 이미지를 무대 전면에 내세웠다. 그렇다고 래퍼들이 아프리카로 이주한 건 아니다. 아는 사람도 없고, 지금 아프리카의 환경은 상대적으로 열악하다. 또 힙합의 고향은 미국이니까.

그렇다면 미국에서 래퍼로 활약했던 재미 교포 '타이거 JK'는 어땠을까? 그에겐 전설 같은 일화가 있다. 1991년 한국인을 비하하는 흑인 래퍼의 공격을 반박해 기막힌 랩을 들려주었던 것. 〈나를 호랑이라 불러〉라는 제목으로 'LA 흑인 랩 축제'에서 상까지 받았으니 대단하지 않은가.

타이거 JK는 힙합의 고향을 떠나 자신의 고향 한국으로 왔다. 미국에서

영어 랩을 연마했어도 한국이 더 끌렸을 테다. '포레스트'보다 '숲'이 더 와 닿는 그런 거. 치즈보다 김치 같은 거. 그는 심지어 'Put your hands up'을 '뻗쳐 왼손'으로 바꾸어 불렀다. 난 깜짝 놀랐다. 한국 토종 래퍼도 잘 시도하지 않는 건데!

그는 갈수록 영어 랩을 줄였고, 언더그라운드 래퍼에게 먼저 손을 내밀었다. 자신의 한국어 랩이 부족하다며 말이다. 유명한 사람이 그런 경우는 정말 드물다. 겸손하면서 진지한 노력. 그가 널리 사랑받는 이유다.

한국 힙합의 거인 'MC 메타'는 2011년 한국어 랩의 지평을 확 넓혔다. 순도 높은 경상도 말로 완벽한 랩을 완성한 것이다. 어렵게 말해 '언어 미학'의 극치다. 강하면서도 능청스러운 경상도식 표현과 어투는 해학적인 가사에 안성맞춤이었다.

다양한 지역어를 살리려면 힙합이 꼭 필요하다. 실제로 지역 래퍼들은 고향 말에 큰 자부심을 품고 있다. 지역어를 촌티 나는 사투리쯤으로 치부하는 이들과 완전히 다르다.

음악도 돈 바르마 더 잘 판다고
에이, 그건 진짜 아인 거 내 안다꼬!
콩알 반쪽도 모르매 니는 뭐
이름값 올리고 회사 키운 거
바닥 치던 시절 싹 다 잊은 거
다 쳐무라 니 혼자 잘 키운 거!
뭣도 모르고 내가 니캉 갔제

디비보이 180도 내캉 반대 힘 다 빼고 자빠짓네
힘 다 빼고 자빠짓네 무참하이
사는 기 이런기가? 무까끼하이

됐으 됐으요 고마 됐으요
돈만 챙기고 고마 그마 째이소
됐으 됐으요 마 됐으요 마 됐으 됐으
쨌으요 마 쨌으요 마 쨌으 쨌으

메타와 렉스 <무까끼하이> 중에서

자, 래퍼에 대한 두 가지 오해는 싹 지워 버렸겠지? 이제 본격적으로 래퍼들의 수다에 눈과 귀를 기울여 볼 차례다. 선곡의 기준은 '뚜렷한 소재'가 돋보이는 랩이다. 힙합 명곡집은 아니니까 본인이 좋아하는 래퍼가 빠졌다고 실망은 말길. 다양한 글거리가 어떻게, 랩에, 적절히, 잘, 사용되었는지 알아보는 게 우선이다.

간혹 문법에 맞지 않는 표현이 눈에 걸린다면 폭넓은 이해를 바란다. 시문학에서도 시적 완성을 위해 문법을 넘어서는 경우가 종종 있다. 래퍼들은 리듬을 살리기 위해 문법을 무시할 수 있다. 가사를 쓴 래퍼도 머리가 지끈거리고 입술이 말랐을 테다.

매일 아침 7시 30분까지
우릴 조그만 교실로 몰아 놓고~

서태지와 아이들, <교실이데아>

"쌤은 공부 잘했어요? 돈 잘 벌어요?" 이런 질문을 종종 받는다. 어제와 오늘이 별다른 급변의 시대라지만, 청소년들의 머릿속은 예나 지금이나 비슷하다. '열심히 공부해서 대학 가고 좋은 직장에 다니면 걱정 없겠지.' 또는 이런 생각. '행복은 성적순이 아니잖아요.'

1989년에 개봉한 청춘 영화의 제목도 그랬다. <행복은 성적순이 아니잖아요>. 당시 같은 제목의 소설도 큰 인기였다. 내용은 대학 입시에 쫓기는 고등학생의 비애. 그때부터 대한민국 학생의 처지는 암담했다. 대학교 수는 적은데 가야겠다는 사람은 매년 늘어났고, 경쟁은 하늘 높은 줄 몰랐다. 재수는 기본이고 삼수, 사수생까지 속출했으니 '재수를 아니 한 자 인생을 논하지 말라'는 어록까지 떠돌았다. 신문에는 인생을 논하기는커녕 학업 스트레스에 떠밀려 인생을 접는 학생들의 비보가 떠올랐다.

그나마 이런저런 대책을 세우고 고치다 여기까지 온 거다. 대학 진학률이 엄청 높아졌다. 진보라면 진보다. 그러나 결과는 대실패. 여전히 "행복은 성적순이 아니잖아요." 외치는 학생들. 이젠 초등학생까지 그런다. 서둘러 비상대책위원회를 소집하자. 이대론 안 돼!

1992년 대한민국을 지배하는 학력 콤플렉스는 극에 달했다. 가방끈 짧은 연예인은 기가 한풀 꺾였다. "저 가수 노래 정말 잘해. 근데 대학은 갔나?" 대중은 꼬치꼬치 캐물었고, 대학생만이 참여할 수 있는 가요제에는 국민들의 관심이 유별났다.

이런 판국에 '서태지와 아이들'이 불시착했다. 우당탕탕 쾅! 그들은 외계인 같았다. 별스런 랩으로 젊은이들을 사로잡았고, 대학이 뭔지도 몰랐다. 리더인 서태지는 아예 고등학교 중퇴를 광고하고 다녔으니, 사람들은 멍했다. "어, 중졸이네!"

가정 형편이 어렵거나 말 못 할 사정이 있는 것도 아니었다. "음악을 하기 위해 그만뒀어요. 끈질기게 부모님을 설득했죠." 실실 웃음을 쪼개는 그가 천진난만해 보였다.

그의 최종 학력은 아주 상세하다. 북공고 1학년 1반 25번 서태지. 그가 은퇴 후 다시 돌아온 2008년, 공중파 방송의 컴백 스페셜 제목이기도 했다. 생각만 있으면 대학 졸업은 물론이고 실용 음악과 교수 한자리 정도는 식은 죽 먹기일 텐데, 서태지는 고등학교 1학년을 고수하고 있다. 나이는 마흔에 달했지만 마음은 음악에 푹 빠져 있는 열일곱 살이기 때문일까?

방송이 끝나고 북공고 누리집 게시판에는 학교를 홍보해 줘 고맙다는 글이 여럿 올라왔다. 16년 동안이나 누군가 "여기가 서태지 학교예요?"라고 물을 때마다 어지간히 껄끄러웠을 테다. 학교가 싫어 중퇴한 그였고, 학교 교육을 신랄하게 비판한 〈교실 이데아〉는 엄청난 반향을 일으켰기 때문이다.

> 매일 아침 일곱 시 삼십 분까지
> 우릴 조그만 교실로 몰아넣고
> 전국 구백만의 아이들의 머리속에
> 모두 똑같은 것만 집어넣고 있어
>
> **서태지와 아이들** 〈교실이데아〉 중에서

대학이란 포장지를 거부하라는 〈교실 이데아〉는 한국 사회에 던지는 날 선 도전이었다. 그건 자신에 대한 도전이기도 했다. 제아무리 최고 인기 가수라 할지라도 시끄러운 메탈 사운드와 공격적인 랩으로는 무리수였다. 가요계의 날벼락이었다. 애초부터 인기 가요는 글렀다.
서태지와 아이들을 연예인처럼 좋아했던 사람들은 음악이 괴상하다며 등을 돌렸다. 하지만 팬들은 그의 음악성을 십분 이해했다. 나도 그 중 하나였다. 학교를 그만둘 엄두도 입시를 거부할 용기도 나지 않았지만, 〈교실 이데아〉를 듣고 있으면 답답한 심정이 풀렸다.
우리 학교 윤리 선생님은 이렇게 말했다. "서태지가 1학기는 마쳤나 보네. 여기 플라톤의 이데아론을 배웠으니까 교실이데아를 만들었지."

교실 이데아는 시끄러운 메탈 사운드 탓에 '악마의 음악'이라는 소문에 시달렸다. 소문은 눈덩이처럼 불어났고 일부 종교 단체의 강력한 배척을 받았다. 테이프를 거꾸로 돌려 들으면 악마의 소리가 난다는 것이다. 학교 축제 기간에는 이를 시연해 주는 친절한 동아리까지 나타났다. "들리죠? 피가 모자라, 하잖아요."

서태지는 아랑곳하지 않았다. 그는 음악에 몰두했다. 모든 음반은 명반으로 불리게 됐고, 이제는 나이 차가 서른에 달하는 팬까지 생겼다. 사회 분위기도 점점 '학력보다 능력이 우선'이라는 쪽으로 기울었다. 언론은 이따금 훌륭한 '기능인'이라며 그를 치켜세운다. 만약 운이 안 따라 인기가 없었다면? "봐라, 가방끈 짧으니까 저 모양이지."라며 혀를 끌끌 찼겠지만 말이다.

1971년 12월 16일
난 대구에서 태어나~

가리온, <12월 16일>

자신이 무엇을 좋아하는지 관찰하고 공부하다 보면 결국 가슴 뛰는 일을 할 수 있게 된다. 물론 서태지처럼 단박에 이루는 경우는 거의 없다. 99.99퍼센트의 사람들은 두루두루 경험해 보며 적성의 윤곽을 잡아간다. '나이 마흔에 하는 일이 평생 하는 일'이라는 말이 있듯이, 적성을 찾는 데는 시간이 오래 걸린다. 얼렁뚱땅 성격 테스트 같은 것으론 발견할 수 없다. 적성이란 재능과는 좀 다른 말이다.

전기를 생산하는 발전기를 예로 들어 보자. 발전기마다 만들어 낼 수 있는 전기의 양이 다르듯 사람마다 주어진 재능 또한 차이가 난다. 재능을 발전기에 비유하자면, 사람마다 발전기의 크기와 성능이 다른 것이다. 그래서 발전기의 성능과 관리 방법을 터득하고 그에 알맞은 일과 장소를 찾는 게 중요하다. 무작정 막 사용하면 쉽게 고장 날 수 있다. 제아무리 웅장한 발전기라도 멈추고 만다. 즉, 재능이 발전기라면 적성이란 발전기의 성능이 잘 발휘될 수 있도록 관리하는 기술이다.

주변을 둘러보면 타고난 음악적 재능이 뛰어나 두각을 나타내다가 금방 사라진 이들이 많다. 자신의 기대만큼 뜨지 않으니까 그만둔 거다. 발전기가 멈췄다.

반면, 타고난 재능은 시시한데 계속되는 좌절과 만족을 오가며 발전기를 돌보는 이들이 있다. 다른 일을 하면서도 음악을 멈추지 않는다. 남들보다 발전기는 작지만, 꾸준히 움직인다.

타고난 크기와 성능에 한계가 있더라도 관리를 잘하면 성능이 좋아지고 윤이 난다. 단, 욕심을 내서 작은 발전기에 무리한 작업을 걸어 볼 땐 조심하자. 부품이 타 버릴 수 있다.

발전기 관리 방법을 터득하는 게 생각처럼 쉽지 않다. 규격품이 아니라서 사용 설명서를 각자 만들어야 한다. 엔진에 가장 좋은 연료의 배합을 알아내고, 적정 출력에 청소 방법까지 터득하려면 시행착오가 많다. 때론 과감한 실험이 필요하다. 이곳저곳에서 사용해 보고 적재적소를 찾아내야 한다.

전공을 바꾸려고 고심하는 대학생, 남부럽지 않은 직장에 다니면서도 끼를 살리지 못해 답답한 아저씨, 컴퓨터 앞에 앉아 귀농을 꿈꾸는 프로그래머…. 학력은 낮아져도 월급이 반으로 줄어도 기쁨 가득한 일을 찾을 수만 있다면!

발전기가 제 일을 못 찾아 툴툴거린다고 지금의 일이 쓸모없다는 건 아니다. 밑그림을 그리듯 윤곽을 잡아내기 위해서는 방황이 필수다. 방황 속에서 배울 것은 배우고 버릴 것은 버리다 보면 방황은 어느덧 예리한 경험이 된다. 그 과정에서 발전기를 다루는 감각은 날로 능숙해지고 사용 설명서는 제법 두툼해진다.

가리온의 'MC 메타' 또한 자신의 발전기에 힙합 딱지를 붙이기까지 외로운 방황을 계속했다. 그는 차곡차곡 가사를 완성해 갔고 마침내 자신의 힙합을 완성해 냈다.

> **1971년 12월 16일**
> 난 대구에서 태어나 겨울과 친구인
> 겁 많고 조용했던 아이 가끔씩 기분이
> 좋으면 혼자 정처 없이 걷고 웃던 싱글이
> 때로는 찡그린 얼굴 가득한 침묵이
> 날 오해받게 만들지만 '뭘 알어 니들이?'
> 기죽지 않고 언제나 날 바로 세워 일으킨
> 삶에 대한 기쁨이 내 안에 가득 깃들지
> 외로울 땐 혼자 불러 보던 노래
> 무대에 올라서 두 팔을 크게 벌려 보네
> 상상 속의 나는 너무 멋진 쇼의 주인공
> 뭐 어때 혼자 공상하는 것뿐인 걸
>
> **가리온** <12월 16일> 중에서

12월 16일, 그는 타임머신의 계기판을 돌려 세 번의 시간 여행을 떠난다. 정말로 12월 16일에 맞춰 이 모든 일이 벌어졌는지는 모를 일이다.

중요한 건 인생에 세 번의 '태어남'이 있었다는 거. 그때마다 이 남자는 방황 속에서 자신의 가치관을 다졌다.

어찌 보면 가치관은 재능이라는 발전기의 연료와 같다. 연료에 불순물이 많으면 발전기는 삐걱대고 어느 날 갑자기 멈춰 선다. 발전기에 가장 좋은 연료는 바로 '영원함'을 탐구하는 정신이다. 이 정신은 늘 새롭게 깨어나려는 불굴의 의지를 지닌다. 단단하면서도 유연하고, 뚜렷하면서도 변화한다. 자기 자신에게 감동을 줄 수 있고 세상의 때에 쉽게 오염되지 않는다.

> 음악이 돈벌이의 수단이 될 수도 있지만, 그것까지 무너뜨리면서 돈을 벌고 싶지는 않았습니다. 어떻게 보면 단순합니다. 음악만 품고 살 수 없는 나이란 건 알죠. 누군가는 "집이 괜찮으세요?"라고 물어봅니다. 하지만 우리는 음악이 오염되는 것 자체를 생각할 수 없어요.
>
> <텐아시아>에 실린 가리온 인터뷰 중에서

1998년 MC 메타는 서른을 앞두고 언더그라운드 힙합에 뛰어들었다. 한국 힙합 초창기에 그만 한 래퍼는 없었다. 풋풋한 스무 살 래 퍼들 사이에서 그는 왠지 외로워 보였다. 힙합은 갑자기 부흥했고 거품도 풍성했다. 언더그라운드에서 출발한 래퍼들이 하나둘 인기 가수처럼 들썩이고 돈을 벌어들일 때도, MC 메타가 속한 가리온은 흔들리지 않았다. 그의 가사처럼 뿌리 깊은 나무였다.

어떤 이들은 가리온의 랩이 지루하다 했고, 대중적인 감각이 떨어진다

했다. 심지어 더 기대할 게 없다고 무시했다. 그러나 보라, 지금 남아 있는 래퍼가 누구인지. 인기를 논하던 말들은 허깨비에 불과했다. 남은 것은 마르지 않는 펜의 가치관과 음악성이다.

2004년 한국의 명반으로 꼽히는 《가리온 1집》을 발표하고 얼마 지나지 않아, MC 메타는 어느 병원의 주차 요원으로 성실히 일했다. 관중을 움직이는 래퍼로서 당당했기에 그는 어려워하지 않았다. 오히려 경제적인 방황 속에서 그의 가치관은 투명하고 단순해졌다. 환갑까지 랩을 할 수 있다는 확신에 힘이 솟았다. 상이 모든 걸 말해 주는 건 아니지만, 가리온이 2011년 '한국대중음악상'을 석권했을 때 팬들은 일제히 환호했다. 놀랍지만 당연한 결과다.

가리온은 대중의 틈에서 늘 멀찌감치 떨어져 음악의 즐거움을 만끽해 왔다. 래퍼가 되고 싶은 이들에게 MC 메타는 변함없이 조언한다.

"세상에 널린 수많은 가짜 속에서 진정한 마이크를 잡아라!"

야 임마 정치가 장난이냐
이 머리에 피도 안 마른 녀석이~

김디지, <김디지를 국회로>

방황에는 도전이 뒤따른다. 선택의 분기점에서 자신만의 마이크를 굳게 잡고 외쳐야 한다. 도전! 어려운 시험을 봐야 할 수도 있고 무엇을 새로 배워야 할 때도 있다. 생판 모르는 사람들 사이에서 땀 흘려 자원 활동을 하거나 아르바이트 전선에 뛰어드는 것, 다 도전이다.

아랫입술을 꼭 깨문다. 담이 좀 큰 사람이라면 스스로 도전을 창조한다. 삶에서 주어지는 도전이 영 시시할 때, '뭐 재밌는 거 없나?' 하고 머리를 똘똘 굴린다.

나 같은 경우는 거리 한복판에 스피커를 들고 나가 랩을 했다. 떨떠름한 표정으로 휙휙 지나가는 사람들을 보면 어떨 땐 바들바들 떨린다. 하다 보면 요령이 생긴다.

나의 랩에 발걸음이 멈칫 느려지는 사람들의 눈치가 보이기 시작한다.

바쁜 약속이 없다면 잠깐, 걸음을 멈추고 여기에서 장난치듯 모여들어 나의 목소리를 들어 봐. 잠만 자던 힙합들은 이제부터 깨어나.

세 명이 모이면 공연은 일단 시작이다. 세 명을 삼십 명으로 불어나게 하는 건 실패할 때도 있고 성공할 때도 있지만, 둘 다 좋았다. 한번은 서울 인사동 마당에서 랩을 하고 집에 가려는데, 어떤 남학생이 쭈뼛거리며 인사를 건넸다.

"혹시, 김디지 라는 래퍼세요?"

김디지! 언더그라운드에선 유명 인사다. 그는 '인세인 디지Insane Deegie'라는 영어 이름으로도 불린다. 인세인은 '제정신이 아닌' 이라는 뜻. 신랄한 랩이 개성 있는 래퍼다. 한 번 들으면 머릿속을 뱅뱅 돈다. 나의 랩이 그렇게 강렬했나? 그 정도는 아닐 텐데…. 어쨌든 영광이다. 깊은 인상을 남겼다니!

김디지에겐 아주 유별난 도전 경력이 있다. 아마 만천하에 내놓아도 꿀리지 않을 테다. 래퍼 복장 그대로 2008년 국회의원 선거에 정식 출마한 것. 믿기지 않으면 검색해 보라. '서울 강남구(갑) 국회의원 기호 8번 무소속 후보 김원종'.

보통 선거 운동하려면 '억' 소리가 난다는데, 김원종 후보는 8백만 원으로 해결했다. 1톤 트럭을 무대로 만들어 그 위에서 랩으로 유세를 했다. 동에 번쩍, 서에 번쩍! 투표권도 없는 청소년들이 그의 연설에 환호하고, 선거 유세를 거들었으니 그 또한 어딘가 '인세인' 하다. 김디지를 국회로!

국회의원 출마하니 전직 국회의원
나에게로 다가와서 한다는 말이
"야 임마 정치가 장난이냐
이 머리에 피도 안 마른 녀석이"

김디지 <김디지를 국회로> 중에서

그를 돌아이 취급하는 시선도 많았다. 사회적으로 관심을 끌어 자기를 홍보하려고 저러는 건데, 득표수가 미비하면? 더 치명적이다. 8백만 원이 아깝다. 관심과 조롱 속에서 투표함이 열렸다. 결과는 놀라웠다.

그의 득표수는 총 1,782표. 강남구(갑) 7명의 후보 중 4위였고, 수도권의 무소속 후보 중 3위에 올랐다. 음반 홍보하려고 출마한 거 아니냐는 까칠한 질문에 김디지는 이렇게 답했다.

"정답입니다. 거짓말하면 안 되죠. 그런데 저보다 정치가 더 홍보되고 있어요. 저로 인해서 젊은 사람들, 힙합 팬들이 정치 이야길 하잖아요."

그는 부정을 저지른 국회의원에 정나미가 떨어져 정치를 외면하는 젊은이들에게 목소리를 높인다. "나라도 찍으라니깐! 일단 투표하러 가라고!" 김디지는 무엇보다 공약의 실현 가능성을 중요하게 여겼다. '학교 수업에 힙합 과목을 만들어 래퍼들의 일자리 창출!' 이런 걸 말하지 않았다.

관용차 2,000cc 이하 사용 의무화, 국회의원을 위한 예산 4천억 원 삭감으로 결식아동 지원 등이 그의 주된 공약이다. 후보자의 공약을 철저히 검증하자는 '매니페스토 운동(후보자에게 실현 가능한 구체적인 공약을 요구하고, 당선 후 실천 과정까지 철저히 평가하자는 사회 운동)'을 지지하면서.

"오래전 인터뷰에서 준비가 되면 국회의원에 출마하겠다고 말한 적이 있어요. 그래서 약속을 지킨 겁니다."

아무리 자기가 뱉은 말이라지만 결정이 쉽지 않았을 테다. 래퍼라면 책임을 져야 했고 즐겁게 도전했다. 결과는 의미 있는 득표수로 이어졌다. 한국의 힙합과 정치 역사에 동시에 기록될 한 편의 행위 예술. 애플의 창시자 스티브 잡스가 즐겨 썼다는 표현이 생각난다.

"Insanely great. 미치도록 훌륭하군!"

선거의 목적이 당선이라는 점에서 김디지는 선거에 실패했다. 그러나 신나게 즐겼으니 도전에는 성공한 거다. 입을 악다물고 머리에 수건을 꽉 동여맨다 해서 도전이 아니다. 과정을 즐기지 못한다면 도전은 한 판의 도박과 다름없다. 남들 따라 무작정 스펙 쌓기에 청춘을 걸었다가 인생이 통째로 시시해진다면 어찌할 텐가?

도전이란 그 과정이 '축제'여야 한다. 크고 작은 축제가 모여 사회를 들썩이고 변화시킨다. 어떤 십 대들은 김디지의 뮤직비디오를 보고 나면 갑작스럽게 활기가 왕성해진다. 그의 재기발랄한 도전에서 변화의 힘을 직감하는 것이 분명하다. 듣자마자 후렴구를 따라 부르는 건 기본이고, 자신의 이름을 넣어 어디엔가 당장 써먹을 기세니 말이다.

젓가락질 잘해야만
밥 잘 먹나요~

DJ DOC, <DOC와 춤을>

도전의 에너지는 '불만'에서 나온다. 김디지는 국민의 이익보다 자신의 이익을 우선하는 국회의원의 행태에 불만을 가졌고, 선거에 도전했다. 김디지의 도전에 불만을 가진 사람도 있다. 그보다 득표율이 낮은 경쟁 후보와 아무나 정치판에 끼어들기를 원치 않는 근엄한 '척하는' 국회의원이 그렇지 않을까? 자신의 욕심과 어긋나서 생기는 불만은 도전의 원동력이 될 수 없다. 반성부터 해야 한다. 거듭 생각해도 나의 불만이 정당하다면? 당당히 얘기해야 한다. 하긴 어른들은 꽁꽁 막혀서 당장 말귀를 못 알아듣지. 일기장에라도 꼬박꼬박 적어 두도록 하자. 언젠가 써먹을 때가 있을 거다. 서툰 젓가락질 때문에 호되게 쏟아졌던 잔소리도 빼놓지 말고.

 젓가락질 잘해야만 밥을 먹나요

잘 못해도 서툴러도 밥 잘 먹어요
그러나 주위 사람 내가 밥 먹을 때
한마디씩 하죠 너 밥상에 불만 있냐

DJ DOC <DOC와 춤을> 중에서

내 말이 맞지? 서툰 젓가락질에 빡빡 밀어 버린 머리, 답답한 복장에 대한 짜증. 시시콜콜 적어 두었더니만 가요 한 곡이 뚝딱 나온다. 이 불만들이 어리광에 불과했다는 건 당시의 인기가 증명한다. 어른들도 피식 웃음을 터뜨리며 고개를 끄덕였고, 후렴구에서 추는 '관광버스 춤'은 남녀노소 모두 즐거이 따라 했다. 그래, 깔끔하게만 입으면 됐지 반바지든 청바지든 뭐가 문젠가. 뭐가 창피해서 대머리를 이렇게까지 숨겨야 하나. 그깟 나이 때문에 랩은 거들떠보지도 않았는데 들을 만하네.

특히 젓가락질이 서툴렀던 사람들은 DJ DOC 덕분에 속이 다 후련했을 거다. 잘 살펴보면 젓가락질을 제대로 하는 사람은 뜻밖에 적다. 대충 보면 비슷한데 개인 맞춤형으로 변형된 젓가락질을 한다. 나 또한 엑스 자 젓가락질을 벗어나기 위해 많은 노력을 기울였지만, 지금의 젓가락질이 제대로 된 것인지는 확신이 안 선다. 이 정도면 괜찮아 보이니까 신경을 껐다.

그런 나도 꼰대가 되기는 마찬가지였다. 밥상에서 누군가 엑스 자 젓가락질을 하면 은근 눈에 걸렸다. '어라, 젓가락질도 못 하네.' 속으로 살짝 비웃기도 했다. <DOC와 춤을> 이 노래가 나오기 전까지는.

안정된 젓가락질이 좋아 보이는 건 맞다. 그래도 밥상머리에서 누군가를 만날 때마다 기죽어야 하는 건 부당한 일이다. 못 배운 티를 낸다느니, 소개팅 자리에 나가면 포크질을 하라느니, 핀잔도 가지가지다. 한마디로 젓가락질은 가정 교육의 표본이란다. 한국 사회의 깐깐한 편견이다.

누구나 젓가락질을 잘해야 한다는 생각은 잘못이다. 사람의 됨됨이를 가늠할 수 있는 조건이 아니라고! 젓가락질을 못하는 사람에게는 나름의 사정이 있을 뿐이다. 그건 누구나 글씨를 잘 써야 한다고 여기는 거랑 비슷하다. 잘 쓰는 건 좋은 건데, 못 쓴다고 해서 무시하면 안 된다. 글씨는 명필로 쓰지만 속은 꿍꿍이가 가득한 사람도 있더라.

DJ DOC는 유쾌하게 반격했다. 젓가락질에 대한 사회의 편견에 도전장을 내밀었다. "확 젓가락을 던져 버릴까" 하고 억세게 대들었다면 별 효과가 없었을 텐데, 재치 있게 웃음을 끌어내니까 꼬장꼬장한 어른들도 "맞아 그럴 수도 있지." 하면서 손뼉을 쳐 준다.

고정 관념이 잔뜩 뿌려진 편견의 요리에 길들어 있다가 자유로운 생각의 건강식을 맛보니 기분이 좋아진 거다. 싱싱한 불만을 맛깔나게 요리하는 솜씨는 청춘만의 재능이다. 세월이 흐를수록 고정 관념은 늘어나고 재미라는 맛깔 양념은 줄어든다. 한 살이라도 어릴 때 불만 요리법을 터득해 도전을 즐기자. 그래야 나이가 들어도 유쾌한 어른이 된다. 대머리를 감추는 직장 상사와 젓가락질이 서툰 신입 사원이 노래방에서 같은 노래를 찾고 있는 모습처럼.

"DOC와 춤을, 그거 신나던데. 몇 번이야?"

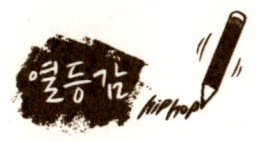

유난히 검었던
어릴 적 내 살색~

윤미래, <검은 행복>

불만은 때론 내 안으로 깊이 자란다. 왜 이렇게 태어났을까, 난 왜 이 모양이지…. 누군가를 탓할 새도 없이 불행한 운명은 내 심장을 꽉 움켜잡았다. 이럴 때 도전 대상은 선명하지 않다. 애초에 극복 불가능한 조건만 선명할 뿐이다. 당장 각오만으로 해결될 리 없는 열등의 조건. 래퍼 윤미래가 그랬다. 그의 아버지는 주한 미군이었다. 백인이면 상관없는데 피부가 까만 초콜릿색이다. 인종차별이 심한 한국 사회에서 치명적인 약점을 가지고 세상에 태어났다. 문제가 있는 것도 아니건만, 주변 사람들이 자꾸 손가락질하며 수군거린다. 어린 윤미래는 영문 모를 죄책감에 시달렸다.

유난히 검었었던 어릴 적 내 살색
사람들은 손가락질해 내 mommy한테

내 poppy는 흑인 미군
여기저기 수근 대 또 이러쿵저러쿵
내 눈가에는 항상 눈물이 고여

윤미래 〈검은 행복〉 중에서

한국을 대표하는 여성 래퍼. 그래서 더욱 소중하다. 한국의 여성 래퍼는 기근에 가까울 정도로 드물다. 음악에 맞춰 랩만 잘한다고 래퍼가 아니다. 자기 생각, 자신만의 색깔이 랩에 뚜렷이 묻어나야 한다. 그녀가 없었다면 한국 힙합은 남자들만의 목소리로 팍팍했을 거다. 스무 살 때 나는 힙합 그룹 '업타운'의 음반을 듣고 있다가 윤미래의 목소리에 화들짝 놀랐다. "래퍼라면 비트박스도 할 줄 알아야지!"

아, 그런가? 그날부터 입이 아프도록 비트박스 연습에 돌입했다. 덕분에 혼자 길을 걷거나 신호등을 기다릴 때 심심치 않았다. 북치기 박치기, 음악을 들으면서 흥이 날 때도 비트박스를 하면 더 즐겁다. 그땐 그녀가 청소년인 줄 상상도 못했다. 둔탁한 드럼 소리에 걸맞은 풍부한 목소리는 노련했고, 여유를 보이는 무대 매너 또한 능숙했으니까. 〈검은 행복〉을 듣고서야 나이를 속였던 과거를 알게 되었다.

윤미래는 평범한 99.9퍼센트가 아니다. 어린 시절 가수로 발탁되자마자 인기를 누렸다. 언더그라운드에 발을 담근 적도 없고, 부족한 실력 때문에 좌절했던 사연도 없다. 얼굴도 기운차고 밝다. 사람들은 〈검은 행복〉을 듣고 그제야 깜짝 놀란다. 저리 맘고생을 했을 줄이야.

가요계 대선배인 인순이 또한 인종 차별의 쓰라린 경험이 있다. 흑인 유전의 곱슬머리가 눈에 거슬린다며 늘 눈총을 받았다. 방송은 딴따라의 머리카락에 부적격 딱지를 붙였다. "그때 저의 곱슬머리는 방송 부적격이었거든요. 머리를 펴는 약이 없어서 늘 모자로 가리거나 두건을 쓰고 무대에 섰죠. 내 모습 그대로를 보여 줄 수 없으니 기쁘지 않았어요." 인종 차별의 고초를 극복하며 탄생한 대중음악 장르는 한국에 와서도 차별받는 이들과 가까웠다.

한편 버락 오바마Barack Obama는 2009년부터 8년간 미국 대통령직을 수행하며 또 다른 세계인의 편견을 벗겨냈다. 흑인은 딴따라 아니면 운동선수에 적격이라는 인식이 와르르 무너진 것이다. 그의 삶 또한 열등감의 연속이었다.

윤미래에겐 아버지의 존재가 힘이 됐지만, 오바마는 그렇지 못했다. 그가 두 살이 되던 해, 케냐 출신의 아버지는 어머니와 그를 등지고 고향으로 돌아가 버린다. 청소년 시절 오바마는 지독한 혼란 속에서 허우적거렸다. 어머니는 백인, 자신은 차별받는 흑인이었다. 흑인들 눈에는 백인 집안의 귀한 아들로 보였다.

도대체 나는 누구인가, 그의 내면은 변덕스러운 투쟁의 연속이었다. 자유로운 자기 생각을 찾아 치열하게 싸웠다. 그리고 결심했다. 미국의 흑인으로서 우뚝 서 담대해지겠다고. 그를 둘러싼 열등감은 어쩌면 이름처럼 '버락(Barack, 케냐어로 축복)'이었는지 모른다. 흑인을 멸시하는 한국 사회에서 태어난 윤미래의 운명이 한국 힙합의 '미래'이듯.

나의 영혼 물어다 줄
평화시장 비둘기~

MC 스나이퍼, <솔아 솔아 푸르른 솔아>

2008년 11월 4일, 미국 건국 이래 232년. 흑인 노예의 서러운 역사에 역전 만루 홈런이 날렸다. 두둥, 최초의 흑인 대통령 당선! 뚜렷한 개표 결과가 나올 때까지 그 누구도 확신할 수 없었다. 상대 후보와 막상막하였다.

오바마 대통령을 선택한 사람들은 무엇을 기대했을까? 당연히 그가 속한 정당과 공약이 중요했다. 더불어 미국의 살아 있는 '정의'를 보여 주고 싶었을 것이다.

미국은 다양한 채소가 뒤엉켜 있는 샐러드 그릇이다. 여러 민족이 모여들어 각자의 문화를 간직하며 살고 있다. 그런데 미국이라는 그릇 안의 채소는 대부분 싱싱하지 못했다. 맨 위쪽은 괜찮은데 그 아래 채소는 시들시들했다. 심지어 썩은 채소도 담겨 있다. 그래도 이 샐러드는 인기가 많았다. 마요네즈나 케첩으로 덮어서 속이 안 보이게 숨겼으니까.

향이 강한 마요네즈와 케첩은 '표현의 자유'다. 중범죄를 저질러 수배 중인 범인이 가면을 뒤집어쓰고 힙합 음반을 발표해도 음악만 좋으면 잘 팔렸다. 대신, 정의롭지 못한 모습은 대강대강 넘겼다. 그런 것도 예술 표현의 좋은 소재가 된다면서.

어두운 국가 정책이 갱스터 랩을 낳았지만, 갱스터 랩은 인기를 구가하며 미국 경제를 물씬 도왔다. 사람들은 이제 미국이 정의롭기를 원했다. 흑백 차별의 역사, 이것 하나라도 정리해서 끝내고 새로운 21세기를 맞이하고 싶었다.

버락 오바마는 그렇게 미국인의 정의감을 상징하며 대통령 자리에 올랐다. 브라보! 오바마 대통령이 정의로운 인물이라는 것은 아니다. "흑인 대통령은 아직 멀었다"고 항변한 래퍼 투팍의 소원을 성취했을 뿐이다. 판단은 역사가 한다.

그가 충분히 정의로운 사람이라 평가된다면 훗날 래퍼의 가사에 스스럼없이 등장할 것이다. 흑인 민권 운동을 비폭력으로 이끈 로자 파크스 Rosa Parks 여사와 마틴 루터킹 Martin Luther King Jr 목사처럼. 이 둘은 힙합에서 새로운 생명을 얻었다. 사려 깊은 래퍼의 목소리는 역사의 평가와 어긋나지 않는다. 때로는 앞장설 수 있다.

2002년, MC스나이퍼는 아름다운 청년 '전태일'을 랩으로 되살렸다. 덕분에 우리는 다시 그의 존재를 되새긴다.

나의 영혼 물어다 줄 평화시장 비둘기
　위로 떨어지는 투명한 소나기

다음 날엔 햇빛 쏟아지길 바라며
참아 왔던 고통이 찢겨져 버린 가지
MC 스나이퍼 <솔아 솔아 푸르른 솔아> 중에서

영화 〈아름다운 청년 전태일〉이 생각난다. 영화를 본 건 중학교 2학년 때였다. 주인공 전태일은 예의 바른 말투로 또박또박 편지를 써서 대통령에게 보냈다.

각하께선 국부이십니다. 곧 저희의 아버님이십니다. 소자 된 도리로서 아픈 곳을 알려 드립니다. 소자의 아픈 곳을 고쳐 주십시오. 아픈 곳을 알리지도 않고 아버님을 원망한다면 도리에 틀린 일입니다.

먼지 소굴에서 고된 노동에 시달리는 2만 명의 인부. 하루 14시간 일을 하고 받는 품삯이란 게 고작 일당 100원이다. 휴일은 한 달에 두 번뿐. 집안 살림이 어려운 십 대 소녀들이 대부분인데 햇빛 볼 시간도 없다. 재단사 전태일은 두고 볼 수가 없었다. 동료들과 '바보회'를 조직하고 참혹한 실태를 꼼꼼히 조사했다. 근로기준법(헌법에 따라 근로 조건의 기준을 정함으로써 근로자의 기본적 생활을 보장하고 향상시키는 것을 목적으로 균형 있는 국민 경제의 발전을 도모하기 위해 제정한 법)을 준수해 달라며 만방으로 뛰어다녔다.

평화시장 맘모스 건물 4동에서 불쑥 튀어나온 볼품없는 청년에게 사회는 냉정했다. 사장들 생각에, 일요일 휴일 준수며 하루 12시간 노동이

며 정확한 건강 검진과 일당 150원의 실현은 국가 경제 발전에 지나친 방해가 되었기 때문이다.

사회 정의를 가늠하는 기준의 하나는 바로 경제다. 사람들에게 골고루 일할 기회를 나눠 주고 일한 만큼 벌 수 있어야 정의롭다. 이렇게 당연한 상식도 어렵다. 아홉 개 가진 이가 한 개 가진 걸 빼앗으려 하니까 말이다. 경제가 어려울수록 눈에 불을 켠다.

2015년 6월 국회에서는 '중소기업 피해사례 발표회'가 열렸다. 함께 일한 대기업 측이 가격을 마구 깎거나 사업과정에서 배신한 탓에 파산까지 몰린 중소기업가들의 호소가 줄을 이었다. 이런 대기업의 횡포는 '마른 수건 쥐어짜기'라 불릴 정도로 무시무시하다. 게다가 직원은 몽땅 비정규직으로 돌린다. 정규직과 똑같은 일을 해도 월급이 적고 해고도 쉬우니까.

이런! 70년대 평화시장 사장님의 냉혈 유전자를 이어받았나? 국가가 기업을 중시하는 이유도 결국 국민의 득을 위해서다. 입 모아 "잘살아보세"를 외쳤던 건, 다 같이 잘 살자는 거였다. 하루빨리 경제가 성장할 수 있도록 국민은 허리띠를 졸라매며 기업을 도왔다.

1997년 국가 부도 위기가 불어닥치자 자발적인 '금 모으기 운동'으로 나라 경제를 살린 전력도 있다. 그런데 국민의 형편을 무시하고 사회적 책임을 회피하는 기업이라니! 정의는커녕 정에라도 호소해야 할 판이다.

1970년 11월 13일. 청년 전태일은 비정한 사회와 불타는 작별을 고한다. 한 손에 한자투성이 법전을 들고서. 한글보다 한자가 빼곡한 법전은 그에게 너무 벅찬 짐이었다. 초등학교를 중퇴하고 막 바로 일만 하느라 공부는 하지 못했고, 주변에 유식한 사람이 없었다.

스물두 살 재단사의 소원은 대학생 친구를 사귀는 것이었다. 그나마 죽음 후에 인복이 많았으니 위로가 되었을까. 그를 기억하는 대학생은 차고 넘치고 별의별 사람들이 앞다투어 줄을 섰다. 책과 영화를 만들고 노래를 부르고 그림을 그리는 이까지 친구 신청을 해 온다. 이젠 생소한 힙합 래퍼까지 친구 신청을 했다. '인기남' 전태일의 영혼은 저세상에서 이렇게 중얼거리고 있을 것이다.

'랩? 1970년대 태어난 아이들이 좋아하는 음악이라고? 난 통기타 음악에 익숙한데… 속 시원히 괜찮네. 박진감 넘치고.'

그도 MC스나이퍼의 박력 있는 랩이 맘에 들긴 했나 보다. 비장한 민중가요를 재편곡한 이 음악이 21세기 젊은이들에게도 통했으니까.

하긴, 스물두 살 청년 아닌가. 영원히.

여기저기 재개발
사라져 가는 내 삶의 계단~

리쌍, <부서진 동네>

많은 이의 무고한 희생을 덮어 가며 우리나라 경제는 쑥쑥 성장했다. 밥 한 공기도 5분이면 후딱 해치우고 빨리빨리 움직이는 국민은 한 사람 한 사람 정말 빠른 일벌레였다. 쉬는 날 없이 일만 해도, 원래 그렇게 사는 건 줄 알았다. 결혼한 여성들은 가사 노동에 시달렸다. 지금처럼 편리한 가전제품이 풍족하지 않던 때라 온몸이 뻐근했을 테다. 세탁기가 없으니 이불 빨래 하나만 해도 기운이 쏙 빠진다.

그 시절의 여가 생활은 골목길에서 이루어졌다. 흑백 사진에 담긴 7~80년대 골목길 풍경에는 가난 속에서 힘이 솟는 사람들이 보인다. 현관 같은 대문만 열면 바로 골목길이었고, 그 공간은 지나가는 길이 아니라 공동의 마당이었다.

차는 들어올 수도 없는 구불구불한 골목길에서 아이들과 강아지들은 활개를 쳤고, 아기들은 목욕을 했다. 돗자리를 활짝 펴고 숙제를 하는 학생도 보인다. 누군가 무거운 짐을 옮기거나 망가진 물건을 고치고 있으면 한 손씩 거들었다. 청춘에게 골목길은 낭만의 장소였다. 1989년 신촌블루스가 발표한 〈골목길〉이라는 노래는 큰 사랑을 받았다.

> 골목길 접어들 때에 내 가슴은 뛰고 있었지. 커튼이 드리워진 너의 창문을 말없이 바라보았지. 수줍은 너의 얼굴이 창문 열고 볼 것만 같아. 마음을 조이면서 너의 창문을 말없이 바라보았지.

골목길은 그 사회의 자화상이다. 이제는 신촌블루스의 노랫말에 어울리는 골목길을 찾기 어렵다. 골목길은 주차난, 범죄, 쓰레기 더미 따위와 자주 어울리고 있다. 낡은 주택은 빠른 속도로 철거되었고, 그 자리에 번듯한 아파트와 빌딩이 들어섰건만 사람들의 마음은 더 쪼그라들었다.

골목에서 인기척이 느껴지면 인사할 준비부터 하던 습관은 호루라기를 움켜쥐는 것으로 바뀌어 버렸다. 그렇다고 낡은 주택에 살고 있던 골목길 사람들이 새로 지은 아파트에서 쾌적하게 살게 된 것도 아니다. 그들의 대다수는 강제로 쫓겨나 정처 없이 이사해야 했다.

어디를 가도 맘 편히 살 수 있는 집은 없었다. 굽이굽이 값싼 곳을 찾아가면 또다시 개발이 예정되어 쫓겨나기 일쑤였다. 매몰찬 사회의 현실 속에 정겨운 골목은 사라져 갔다. 가난한 이웃들은 개발의 광풍에 떠밀려 궁지에 몰렸다. 그들도 이 나라의 경제를 살린 일꾼이고 떳떳한 국민이건만 어디에 하소연할 길도 없었다. 험난한 이사 길에서 아프게 그리웠을 것이다, 마당 같은 골목이.

> 마지막까지 버티며 목멘 나의 동넨
> 끝내 높은 빌딩이 들어서네
> 여기저기 재개발 사라져 가는 내 삶의 계단
> 고장 나 버린 삶의 페달 나는 또 다시 맨발
>
> 리쌍 <부서진 동네> 중에서

나른한 오후 같은 기타 선율에 굽이치는 리쌍의 랩을 들으며 기억의 옛 골목을 회상하는 사람이 점점 줄어들고 있다. 좁은 도시 안에 너도나도 들어와 살아 보려 하니 키 높은 아파트가 제격이긴 하지만, 그 과정을 돌이켜 봐야 한다.

불과 몇 년 전까지만 해도 재개발 광풍은 한국 사회를 뒤흔들었다. 노력 없이 큰돈을 벌 방법은 부동산이었고, 돈 좀 있는 사람들은 너도나도 부동산 시장에 끼어들었다. 투기 목적으로 땅과 집을 사들인 다음 가격이 치솟기를 기다렸다. 부동산 사업으로 큰 이익을 내는 대형 건설사와 일부 부동산 업계 또한 갖은 방법으로 무리한 재개발을 부채질해 왔다.

정부는 이들을 뜯어말리기는커녕 오히려 부채질을 시원해했다. 선량한 국민의 터전을 마구 파괴하는 '건설적인' 도시 계획서에 허가 도장을 쾅쾅 찍어 준 것이다. 오, 이런! 집과 땅은 삶의 가장 기본적인 조건이다. 자동차 같은 개인 소유물이 아니다. 공공의 재산이다. 국가는 부동산을 안정시켜 국민의 삶을 보호해야 한다고 여기 헌법에 쓰여 있잖아.

국가는 주택 개발 정책 등을 통하여 모든 국민이 쾌적한 주거 생활을 할 수 있도록 노력하여야 한다.

대한민국 헌법 제35조

부정을 저지른 정치인은 근사한 말발로 현혹했다. 누추한 집을 깔끔한 아파트와 빌딩으로 바꾸면 국민이 돋보인다고. 누추한 집이 전부인 누추한 이들은 철거 대상이 되었다. 갈 곳이 없어 끝까지 버티는 주민들에겐 깡패들이 찾아왔고, 냉혹한 철거는 깜깜한 겨울밤을 가리지 않았다. 일출 전과 일몰 후 그리고 겨울철 강제 철거는 인정머리 없다는 법적 조항이 있다. 사람끼리 최소한 지켜야 할 게 있으니 이때만큼은 강제로 몰아내지 말라는 권고 사항이다.

그러나 깡패까지 동원하는 마당에 지켜질 리가, 천만의 말씀 만만의 콩떡. 머리에 빨간 머리띠를 두르고 목숨을 거는 철거민이 속출한다. 서울 관공서 앞에는 이런 풍경이 워낙 흔했다. 행인들은 부담스러운 광경에 슬슬 발걸음을 피하고, 시끄러운 투쟁가에 어색한 주먹을 쥔 주름투성이 얼굴들은 슬쩍 눈물을 훔쳤다.

수십 년 동안 이어진 개발 과정에서 너무 많은 폭력이 있었다. 근사해 보이는 외양에 열광하는 한국 사회는 그 폭력을 묵인했다. 폭력을 모른 체하고 감춰 두는 사회의식은 우리 삶을 불안하게 만든다. 바로 코앞의 이웃과도 인사하지 않고 온갖 방범 장치로 현관부터 걸어 잠근다. 그걸

정상으로 여긴다.

흑백 사진에 굳어 버린 골목길의 정서를 부활시켜야 할 때다. 누가 어려운지 누가 힘든지 관심을 기울여야 한다. 2009년만 해도 서울 용산의 무리한 재개발 과정에서 철거민 5명과 경찰관 1명이 목숨을 잃지 않았나. 빈민가의 흑인들이 경찰과 총을 겨누었듯, 잘못된 정책은 약자와 경찰 양쪽에 싸움을 붙이고 희생시키는 법이다.

2012년 1월이 되어서야 국회의원 33명은 시민 사회와 협력하여 '강제 퇴거 금지법' 제정안을 국회에 제출했다. 늦게나마 다행이지만 제정은 또 언제 될는지….

한편, 리쌍은 자신들이 사들인 건물에서 장사하는 식당 사장과 수년간 골치 아픈 분쟁에 휘말렸다. 리쌍은 그만 나가라 하고 식당 주인은 절대 못 나간다며 버텼다. 누가 먼저 양보해야 하는지 판가름하기 모호하지만, 〈부서진 동네〉라는 곡을 쓴 만큼 강제 집행 같은 물리적인 충돌만은 피해주었으면 좋겠다.

전설의 푸른 심장이
뛰고 있어~

실버라이닝, <고래의 노래>

우리나라 귀신고래에는 현상금이 붙어 있다. 보자마자 신고하면 1천만 원, 사진이나 동영상만 찍어 보내도 5백만 원이란다. 복권과 다름없다. 누구나 귀가 솔깃해진다. 1977년이 귀신고래를 보았다는 마지막 해이다. 사냥당한 귀신고래 수만 헤아려도 천 마리에 육박했다는데 이젠 코빼기도 보이지 않으니, '고래연구소'의 연구원들은 애가 탈 것이다. 유명한 노래 한 소절이 머릿속을 스친다.
"자 떠나자 동해 바다로. 신화처럼 숨을 쉬는 고래 잡으러."
여기에서 고래는 머나먼 이상향을 상징할 뿐이지만, 넋 놓고 부를 노래는 아닌 것 같다. 시대가 변했다. 최대 어업국인 일본조차 국제 환경 단체의 끈질긴 힐난에 시달리는 중이다. 일본은 항변한다. "고래 사냥은 전통적인 산업일 뿐이야!"라고. 그렇지만 최신 고래잡이 어선은 결코 '전통'적이지 않다. 심하게 '전투'적이다. 항공 모함처럼 생긴 거대한 철갑 어선이 집채만 한 고래를 빠른 속도로 잡아들인다.

동물은 자연 공장의 생산부에서 인간을 위해 찍어 내는 제품이 아니다. 자연은 동물에게 민감한 고통 신경계를 심어 놓았고, 인간에겐 자비라는 심정을 심어 놓았다. 그래야 희생되는 동물의 고통에 민감히 반응해서 마구잡이로 해를 끼치지 않을 테니까.

해마다 열리는 동해안의 '고래 축제'에서 그런 걸 강조해 주면 좋겠다. 홍보 기사를 검색해 보면 고래를 보호하자는 건지 고래를 잡자는 건지, 영 아리송하다. 선사 시대 고래 사냥 재현이 축제의 하이라이트라니⋯ 슬슬 불만이 꿈틀대기 시작한다.

친구들이랑 고래를 위한 랩을 써 봐야겠다고 생각했다. '고래 잡으러'가 아닌 '고래 구하러'로! 우리는 당장 고래 보호와 관련한 자료들을 긁어모았고, 퇴근 후 틈틈이 모여 한 달간 곡 작업을 했다. 고래 울음소리가 녹음된 음원에 파도 소리를 섞으니 웅장한 느낌이 밀려왔다. 성공이다. 꽉 잡은 마이크로폰에 "고래 구하러"를 외쳐 부르면 고래가 옆에서 헤엄치는 것 같았다. 비록 고래 축제에 초대받은 적은 없었지만 말이다.

전설의 푸른 심장이 뛰고 있어
그대의 가슴 깊이 파동 치는
동해의 물결 거대한 몸집에 커다란 꿈을 싣고
헤엄쳐 가네
지구의 푸른 심장이 뛰고 있어
생명의 바다 깊이 파동 치는

고래의 노래 거대한 물결 속
낱낱의 물방울에 파도쳐 가네
실버라이닝 <고래의 노래> 중에서

※ 나는 '실버라이닝'의 래퍼였다

과거 독재 정권 시절에는 '민주화'가 정의의 다른 이름이었다. 독재 정권 치하에서는 부당한 희생자들이 잇따랐다. 불만을 얘기했다간 큰 누명을 쓰고 잡혀가는 일이 부지기수였다. 민주화를 이룬 다음에야 '진상 규명위원회' 같은 기구가 생겨 이들의 억울함을 하나하나 풀어 주었다. 멍든 가슴을 앓았던 이들의 시름은 한결 가벼워졌다. 그러자 살아 있는 정의는 사람과 사람 사이뿐만 아니라 사람과 자연 사이의 관계까지 발을 넓히기 시작했다.

'환경 정의'라는 말이 생겼다. 예를 들어 귀신고래에게 인간은 상종 못할 괴물이었다. 쉼 없이 작살이 날아왔고 동쪽 바다의 파도는 동족의 핏물로 늘 흥건했다. 멸종되든 말든 지금만 배부르면 장땡이라는 사람들. 어머니 대자연의 뜻은 단단히 무시되었다.

'환경 정의'와 '자연 보호'는 미묘한 차이가 있다. 자연 보호는 사람 입장에서 필요한 만큼 귀신고래를 보호하자는 것이지만, 환경 정의는 귀신고래 입장이 되어 보자는 것이다.

정부에선 오래도록 자연 보호 정책을 펼쳐 왔다. 식목일에 나무도 심고 학교마다 자연 보호 캠페인에 앞장서도록 했다. 그런데 어찌 된 일인지 자연이 망가지는 속도는 줄어들지 않는다. 북극의 빙하가 녹아내리고 더 많은 동물이 멸종 위기에 몰리고 있다. 세계적으로 염려의 목소리가 하늘을 찌른다.

기업에 부담을 주면 안 되니까, 다른 나라도 대충 하니까… 당장 이익을 따지고 눈치를 보면서 자연을 보호했더니 결국 이 꼴이다. 그나마 환경 정의를 앞세운 시민 사회의 열띤 목소리가 없었다면 상황은 더욱 암담했을 것이다.

시민 사회엔 실질적인 권력도 없고 돈도 없다. 어찌 보면 그냥 동호회의 집합체 같다. 정의로운 사회를 갈망하는 개인의 관심과 노력이 한데 뭉쳐 사회에 변화를 일으키는 것, 그 움직임이 시민운동이고 동참하는 수많은 이들의 존재가 바로 시민 사회다.

티끌 모아 태산이다. 태산 안에는 새로운 발상이 팝콘처럼 튀어 오른다. 각종 분야 전문가도 자신의 고급 지식을 값없이 나누어 주니 팝콘에 기름을 붓는 격이다. 국회의 푹신한 의자에선 절대 기대할 수 없는 아이디어가 톡톡!

햇빛 좋은 날 시민 사회가 주축이 된 벼룩시장에 나들이를 나가 보자. 알뜰한 지구인들과 예술가들을, 나무를 아껴 만든 책들과 몸을 가볍게 하는 먹을거리를, 작은 스피커로 즐겁게 공연하는 음악인들을 만날 수 있을 것이다. 그곳에 래퍼가 있다면 더욱 좋겠지.

무소유한 영혼으로 남으라~

대거즈, <공수래공수거>

사람들은 두루두루 적용될 수 있는 보편적 가치를 '정의'라 생각한다. 정의의 개념은 국가와 문화를 뛰어넘어 훌훌 전파된다. 태어날 때부터 신분이 다른 제도는 없어져야 한다고, 여자를 홀대하는 문화는 덜떨어진 것이라 얘기한다.

일부 무슬림은 아직도 눈만 내놓고 온몸을 가리는 여성의 외출복(부르카, 니캅)에 간섭하지 말라고 신경질을 부린다. 유럽에서 무슬림 인구 비율이 가장 높은 나라인 프랑스는 '부르카와 니캅 착용 금지법'을 2011년 4월부터 시행 중이다. 신분 확인이 안 된다는 이유가 크다. 프랑스의 계획적인 종교 탄압이라 열을 내는 목소리도 있다. 그들의 주장을 들어 보면 또 그럴싸하다. 프랑스 정부가 무슬림을 미워해서 사회 활동을 제약하려고 비밀리에 정책을 추진했다는 등 이러쿵저러쿵….

아, 그만! 됐거든요. 프랑스 정부가 무슬림을 부당하게 대우하면 안 되죠. 그렇다고 여성의 자유를 억압하는 그런 복장을 인정할 수는 없어요. 히잡(머리카락을 가리는 스카프)도 안 하는 무슬림 여성들이 세계에 얼마나 많은데 프랑스에서 이 난리입니까.

랩으로 한판 뜨는 건 이럴 때 하는 거다. 'MC 부르카'와 'MC 안티 부르카'의 프리스타일 대결! 누구의 불만이 더 정의로운지 관중이 평가한다. MC 부르카는 '종교의 자유'에 관해 늘어놓을 테고, MC 안티 부르카는 인간의 '신체적 자유'에 관해 내뱉을 것이다. 정반대의 주장을 펼치지만 둘 다 '자유'를 써먹는다. 정의를 논할 때 '자유의 가치'를 빼놓을 수 없기 때문이다. 본인부터 자유로운 사람이 되어야 정의를 논할 수 있다. 생각이 자유로운 사람이 바로 자유인이다. 1995년 래퍼 김진표가 속한 그룹 '패닉'이 그랬다. 패닉은 〈왼손잡이〉라는 노래로 생각의 자유를 뽐냈으니까.

> 하지만 때론 세상이 뒤집어진다고 나 같은 아이 한둘이 어지럽힌다고 모두 다 똑같은 손을 들어야 한다고 그런 눈으로 욕하지 마 난 아무것 도망치지 않아 난 왼손잡이야

왼손잡이로 태어난 아이들은 억지로 오른손으로 글씨 쓰는 법을 배워야 했다. 조상들 말씀에 왼손은 뭔가 불길하단다. 논리는 없지만 사람들은 개의치 않았다. 편견의 문화에서 굳이 탈출할 이유가 뭔가? 탈출은 이별을 의미한다. 낯선 세계로 이동해야 하는데 보통 성가신 게 아니다. 왼손잡이를 듣고 나서야 탈출할 수 있었다.

혼자 나오기는 어려웠지만 이 노래를 좋아하는 사람이 많으니 괜찮았다. 예술가는 패닉처럼 '탈출의 열쇠'를 쥐여 주는 사람이다. 열쇠를 처음 받아 쥐었을 때는 약간의 '패닉(panic, 공황)'이 몰려올 수 있다. 띵~ 현기증 같은 기운이다. 온몸을 감돌다가 곧 증발한다. 몸이 가벼워지고 심장이 뛴다. 난 자유다!

자유는 눈에 보이는 것 같기도 하면서 추상적이다. 모두 돈. 돈. 돈. 하면서 로또를 또. 또. 또. 사지만, 막상 돈이 많아 흥청망청 쓰는 사람은 진정 자유로워 보이진 않는다. 정처 없이 세계를 떠도는 여행가 보고는 자유롭다고 한다. 거지꼴로 다니는데 말이다. 책을 읽는 거지를 보면 다들 흠칫 놀란다. 말로만 듣던 자유인? 농담이 아니다.

사람들은 자유의 최고봉이 생각의 자유임을 본능적으로 알고 있다. 또 생각의 자유를 방해하는 최고봉은 소유욕이라는 것도. 돈이 필요해서 벌다 보니 언젠가부터 돈을 받들어 모시고 있는 자신을 발견한다. 돈뿐만이 아니다. 권력욕이니 승부욕이니 명예욕 모두 소유욕의 프랜차이즈이다. 완전 문어발 경영이다. 걸려들지 않는 사람이 없고, 소유욕의 노예가 아닌 사람이 없다. 그러니 인간의 무의식은 늘 자유를 꿈꾼다. 성공·처세술 책을 사기 위해 서점에 갔는데 법정 스님의 '무소유'가 왠지 모르게 자꾸 손에 끌리는 이유다.

무소유한 영혼으로 남으라
빈손으로 왔다가 빈손으로 가리라
가질 수 없는 것 가지려 하기보다

그저 그 모습 그대로 겸허히 지켜볼지어다
대거즈 <공수래공수거> 중에서

대거즈Daggaz. 여성 래퍼 예솔과 남성 래퍼 스컬이 한 팀을 이뤘던 언더그라운드 힙합 듀오다. 활동 기간이 짧았지만 흔적은 가볍지 않다. 한국 힙합의 발자취를 더듬다 보면 반드시 마주치게 된다. 대거즈의 가사에는 종교를 초월한 신앙적인 면이 물씬 묻어난다. 불교적인 <공수래공수거>와 달리, <참회>라는 곡에선 무릎 꿇고 기도하는 자의 모습이 나온다.

　무릎 꿇고 있어 그분 앞에서 무릎 꿇지 않아 이젠 세상 앞에서

젊은 혈기가 뜨겁게 분출하는 힙합 판에서 수행자의 모습을 닮은 이들의 래핑은 상대적으로 돋보였다. 은근히 뜨거운 숯덩이랄까. "무소유의 삶으로 살리라"고 소리 높여 부를 때, 정제된 울림으로 한껏 겸허해진 관객들. 두 손을 들어 따라 외치던 감동을 잊지 못한다.

난 아저씨를
강요당하고 있어~

키비, <소년을 위로해 줘>

스컬은 이제 세계적인 음악가다. 좋아하던 언더그라운드 음악가가 너무 유명해지면 좀 섭섭한 기분이 들기도 한다. 나만 아는 사람을 빼앗긴 거 같은 소유욕이 발동하는 거다. 하하. 그래도 스컬처럼 처음 마음 그대로 순수한 음악을 들려준다면 열렬히 응원할 수 있다.

많은 음악가들이 유명세 속에서 '순수'를 잃어버린다. "이번 음반은 조금 더 친숙하게 다가가고 싶었습니다."라고 말은 하는데, 막상 음악을 들어 보면 이렇다. '이번 음반은 빨리 인기를 끌어야 해서 갖은 양념을 뿌렸습니다.'

화학조미료가 잔뜩 들어간 음식은 순수하지 않다. 화학 성분이 혀를 자극하면 꼭꼭 씹지도 않고, 젓가락질만 빨라진다. 먹는 폼이 영 게걸스럽다. 먹고 나면 포만감은 있는데 배 속이 개운치 않다. 젓가락질 잘 하지 못해도 상관없지만 건강에 좋은 걸 먹어야지. 음식 재료 본연의 맛이 입맛을 감돌게 하고, 은근히 젓가락질을 당겨야 순수다.
래퍼 키비 또한 순수한 음악가 중 한 명이다. 자신의 심정에 충실한 음악성이 그렇고 소년처럼 여린 마음 또한 그렇다. 그의 오래된 곡 〈소년을 위로해 줘〉에서 우리는 '아저씨'에 물들고 싶지 않은 한 소년을 만난다. 만만해 보이는 녀석을 골라 무시하고 여자들 앞에선 지갑을 먼저 열어 으스대는 친구들. 이길 수 없는 강한 놈에겐 딱 붙어 있다. 아주 꼴사납다. 나이의 숫자는 꽃다운 청춘이지만, 키비의 눈에는 거드름을 피우는 칙칙한 아저씨들과 하나도 다를 바 없다. 판박이다.

> 일단 남자들의 세계 속에서
> 적응하기 위해서는
> 적은 숫자더라도 적敵은 확실히 없앤다
> 라고 적은 수첩을 가슴에 품고 살아야 해
> 이 말뜻은 아주 단순해
>
> **키비** 〈소년을 위로해 줘〉 중에서

래퍼 키비는 용감하다. 과격함과 거친 경쟁이 돋보이는 힙합 판에서 그는 눈치 안 보고 할 말을 한다. 남성스러움의 불편한 진실을 조목조목 따지고 든다. 중학교 1학년 때 여자아이 같다는 이유로 심한 놀림을 받던 친구가 생각난다. 하루도 거르지 않고 학우들은 폭언을 퍼부었다. "계집애 같은!" 하고.
나 또한 여성스러움이 많은 남자아이였지만, 그 애 덕분에 잘 드러나지 않았다. 2학년이 되자 방패막이는 사라졌다. 날 공격하는 녀석이 나타났다. 툭 하면 옆에 있는 애한테 이랬다. "얘 좀 여자 같지 않냐?"
얼마나 짜증이 나던지 화가 머리끝까지 치솟았다. 고등학교를 졸업할 때까지 그런 종류의 긴장감은 계속되었다. 싸움을 잘하는 아이들의 순위가 매겨지고, 체육 시간엔 운동을 잘하는 그룹이 나뉘었다. 키가 작으면 키 큰 친구랑 어울리기 힘들었다.

남자만 득실대는 문화엔 확실히 문제가 있다. 신은 여성과 남성의 두 가지 성질을 기반으로 세상을 창조하였는데, 여성성이 결핍된 남성의 세계란 폭력과 갈등에 열광하기 쉽다. 여성 래퍼가 드문 힙합도 마찬가지. 한때 대중적인 인기를 누렸던 한 래퍼는 언더그라운드를 대표하는 인터뷰에서 이런 말까지 했다. "제가 랩으로 여성을 비하한다고 싫어하는 분들이 있죠. 이건 그냥 남자들끼리 모이면 자연스럽게 주고받는 음담패설 정도라고요."
맙소사! 어느 누가 자연스럽게 그런단 말이야. 진짜로 이 아저씨가 힙합을 대표하는 양 보여지는 건 아니겠지? 기분이 영 찜찜하다. 우리는 득의양양한 힙합 마초 사이에서 강직하게 피어난 여성 래퍼의 가사, 그리고 키비처럼 남자답지 '않은' 래퍼의 서정적인 가사를 주목해야 할 필요가 있다. 그것이 힙합의 다양성이다.
래퍼가 순수하기 위해 키비처럼 생각하고 랩을 써야 한다는 건 아니다. 각자의 방식대로 순수함이 있을 테다. 순수하다는 것은 '솔직함'이나 '착하다'와는 좀 다르다. '어리다'와 '바보 같다'도 아니다. 순수한 사람에게는 상대방의 마음을 정화하는 힘이 있다. 그래서 우리는 순수한 사람에게 매료되고 그를 자주 보고 싶어 한다.

의도적으로 순수해 보일 순 없다. '순수는 이런 거야.'라고 규정하는 순간 순수하지 않기 때문이다. 가식적인 티만 잔뜩 묻어난다. 순수한 매력을 지니기 위한 요령이 한 가지 있긴 하다. '남자다워야 한다'는 생각을 속속들이 청소하는 거다. 남자다움이라는 관념에는 찌든 불순물이 마구 뒤섞여 있다. 소년을 짓밟는 거드름이나 의리를 가장한 서열 같은 거 말이다.

끈적거리고 구석구석 박혀 있어 털어 내기가 쉽지 않다. 깨끗이 소독한 사유의 돋보기와 족집게가 필요하다. 중요하게 여겨 온 어떤 가치관이 불순물에 불과했다면 그 자리에서 콕콕 빼낼 수 있도록. 그래야 정의를 탐구할 수 있다.

그를 품 안에 꼭 안고
산길로 내달려~

박하재홍, <순이 베러 블루스>

래퍼 '투팍'은 재빨리 가사를 쓰는 거로 유명하다. 비행기를 타고 가는 짧은 시간에 가사 한 편을 완성한다는 이야기도 있다. 한 편 쓰는 데 기본 한 달이 걸리는 나에겐 꿈 같은 이야기. 그런 내게도 한 방은 아니지만 하룻밤에 완성한 가사가 딱 하나 있다. 늦은 밤 잔잔한 재즈 음악인 <모 베러 블루스 Mo better blues>에 이끌려 글을 쓰기 시작했고, 날 새기 전 탈고했다. 그것이 바로 <순이 베러 블루스>.

순이는 우리 집에 살고 있는 토종개 누렁이입니다
원래 제가 도로시라고 이름 지었는데요
엄마가 안 어울린다고 그냥 순이라고 불러서
이름이 바뀌었습니다
순이의 특기는 욕심 없이 세상을 사랑하기입니다

자, 우리가 만나게 된 이야기를 들려드릴게요
어쩌면 아주 먼 옛날부터 누군가 들려주었을지도 모를… story
이것이 바로 순이 better blues

내가 그를 처음 만난 곳은 북한산 우이동의
어느 민박집 구석
깜깜한 하늘이 내려앉은 2002년 9월의 어느 밤이었어
어둠 사이를 느릿하게 헤집는 차가운 쇠사슬 소리,
함께 있던 친구들을 은근히 겁먹게 했지
그곳엔 무거운 사슬에 묶여 있던
작고 마른 겁먹은 개 한 마리
두려움과 호기심으로 범벅이 돼 버린
희망 따윈 알 수 없었던 절망의 감정이 가녀린
집으로 돌아온 난, 잠을 이룰 수가 없었네
내가 조절할 수 있는 성질의 것은 아니었기에

난 다음 날 다시 한 번 낯선 버스에 올라타고 있었지
지갑 속 종이돈 몇 장을 만지작거리면서
지난 밤 보았던 그 개를 내게 팔라고 했지만,
집주인은 어딘가 석연찮은 얼굴로 당황스런 두 눈이었어
그런 개는 없다며 그늘지게 사라져 버렸지

이상한 일이야 난 집 뒤를 돌아
어둠 속 희미했던 그 존재를
뚜렷이 확인할 수 있었는 걸
쇠사슬을 풀어 버려! 그를 품안에 꼭 안고 산길로 내달려
그리고 내 귓전을 때리는 한 방의 환각
우리는 세상의 길로 내달려 나간다

(중략)

처음 만나는 순간
만물은 너무나 명확하게 우리 둘 앞에
하나의 길을 내주었습니다

아침에 일어나 사람을 바라보는
무결한 신뢰의 눈빛 안에서
나는 매일 아침 인생의 스승을 만나는 것만 같습니다
나도 언젠가 욕심 없이 거짓 없이 온 마음을 다하여 세상을
사랑하겠습니다
그것이 바로 순이 better blues

동물과 인간 사이에도 거스를 수 없는 인연 같은 게 있을까? 한 번 마주친 그 표정은 견딜 수 없이 선명했다. 내가 무슨 동물 납치범도 아닌데 개를 들고 뛰다니, 스스로 이해가 되지 않는 사건이다.

순이에겐 학대의 증거가 뚜렷했다. 앞발 뼈에 금이 가 있었고, 검정 군화에 극심한 트라우마(trauma, 정신적 외상) 증세를 보였다. 둘을 연결하면 그럴싸한 추론이 나온다. 예비군 훈련에 가느라 툴툴거리며 군화를 신고 있을 때, 구석에서 벌벌 떨고 있는 순이를 발견했다. 그 모습을 보고 나는 '공포란 저런 거구나…' 싶었다.

잠깐이 아니라 일주일 동안 그랬다. 심각했다. 군화를 안 보이는 곳에 치웠는데도 군화를 신었던 나를 기억하는지 무서워했다. 그로부터 7년 동안 군화는 매번 밖에서 갈아 신었다. 귀찮았지만 '납치' 대신 '구조'라는 명분이 생겨 내겐 다행이었다.

순이는 마당 딸린 부모님 집에서 살았다. 마당을 지키고 있으니 든든했다. 도둑 걱정은 없었다. 순이는 풀려 있었고 낯선 사람에겐 무섭도록 짖어 댔다. 난 마음 놓고 세계 여행을 떠났다. 그런데 여행 도중 청천벽력 같은 일이 벌어졌다. 부모님이 아파트로 이사하기로 했다는 것이다. 상황이 급박해 일단 순이를 유기견 보호소에 맡기기로 했다. 위탁비는 매달 10만 원. 매끼 밥에 수의사 검진까지 고려하면 공짜나 다름없지만, 딱히 수입이 없는 상태에선 슬슬 부담되었다.

그나저나 순이는 보호소의 개들과 어울리지 못하고 왕따였다. 밥도 잘 안 먹고 기운도 없다 하니 문득문득 마음에 걸렸다. 1년 후 여행을 마치고 제주도 시골집을 빌린 다음에야 순이를 데려올 수 있었다. 대형견 운반용 케이지를 사서 비행기에 태워 공항에서 집으로.

슬쩍 집주인 할머니 눈치도 보였다. 불현듯 반려동물의 주인으로 산다는 게 버거웠다. 3박 이상은 집을 비울 수 없어 장기 여행은 엄두도 못 냈다. 어느새 열 살이 된 순이의 눈동자는 흐릿해졌다. 이런, 언젠가 병 시중을 들어야 할지도 모르겠군.

늙은 개를 기른다고 이상하게 보는 사람도 있다. 가치관이 다르니 이해한다. 죽음까지 책임지지 않고 어찌 동물의 주인이었다 말할 수 있을까. 동물이 없는 인간의 삶은 삭막하다.

나이가 들면 때 묻은 아저씨가 되고 소유욕의 노예가 되는 사람에게 동물은 한결같다. 순수가 무엇인지 알게 하고 끝없는 위로를 선물한다. 선물은 받아 놓고 상대의 고통을 외면하면 안 된다. 동물 또한 '고통받지 않을 권리'가 있다.

자연은 동물에게 민감한 고통 신경계를, 인간에겐 자비라는 심정을 심어 놓았지만 별 효력이 없었다. 인간은 마구잡이로 해를 끼쳤고 무고한 동물은 시름 속에 사라져 갔다. 21세기의 정의는 동물의 권리까지 포용할 것이다.

정의는 여성을 포용하지 않으려는 남성과 흑인을 포용하지 않으려는 백인을 설득했다. 이제는 동물을 포용하지 않는 인간을 설득할 차례다. 이미 준비는 되었다.

컵라면에 끓는 물을 넣고
난 기다려~

드렁큰타이거, <편의점>

분위기를 돌려서 좀 가볍게. 시간은 새벽 2시 25분, 장소는 편의점이다. 편의점에는 혼자 아르바이트를 하는 피곤한 여자가 서 있고, 그를 힐끗힐끗 쳐다보는 남자 손님이 있다. 남자 손님의 역할은 타이거 JK, 아르바이트생은 래퍼 윤미래가 맡았다. 우리나라 최고의 힙합 커플이다.

> 길 잃은 아이인 듯 두리번거려
> 컵라면에 끓는 물을 넣고 난 기다려
> 괜히 시간을 끌며 미소를 던져 봐
> 그녀도 날 바라봐 내게 끌리나 봐
> 튕길둥 말둥 조금 부끄럽나 봐
> 드렁큰타이거 <편의점> 중에서

〈편의점〉 전체 가사를 들어보자. (82쪽 참고) 한 페이지 단편 소설 또는 짧은 영화의 시나리오 같은 가사다. 두 개의 시선이 영화의 화면처럼 교차한다. 이야기의 결말은 흐릿하지만 괜찮다. 등장 인물에게서 느껴지는 측은함이 여운을 남기며 후렴구의 쓴맛을 달게 살린다.

창작의 요령은 관찰이다. 랩을 쓰는 요령도 마찬가지. 나의 시선을 카메라의 창이라 생각하고, 화면 안에 잡히는 모든 것을 낱낱이 살핀다. 나의 행동과 감각은 주인공의 것이다. 컵라면에 물을 붓는 행동까지 낱낱이 묘사한다.

'운동화를 꺾어 신어, 골목길에 하품, 등을 긁적대며'로 랩 한 줄 완성한다. 이런 요령이 있어야 랩을 즐길 수 있다. 짤막한 한 줄을 완성하기 위해 매번 한 시간씩 괴로워할 순 없다. 책상에 멍하니 앉아 있어도 랩이 줄줄 나와야 한다. 음… 지금 시각은 새벽 2시 28분! 마침 편의점과 딱 맞아 떨어지는데.

> 왼쪽 책상 끝에 비워 버린 커피잔
> 한 잔을 더 마실까 생각은 없지만
> 동이 틀 때까지 앉아 있을 것도 같은데
> 손가락을 굽혀 보니 얼얼해진 감각과
> 흐릿해진 눈꺼풀을 슬그머니 감아 봐

여기까지만 쓰고 좀 쉬었다 올게.
편의점에서 벌어진 일화는 30분에 불과하지만 하나의 곡을 꽉 채웠다.

랩을 듣고 있을 때는 시간의 흐름이 거의 실시간으로 다가온다. 섬세하면서 박진감이 있다. 무엇을 써 보려다가 3분 만에 머리를 쥐어뜯는 이들이여, 편의점의 타이거 JK가 되어 보시길.

특별한 얘깃거리로 쓰는 게 아니다. 보이는 대로 생기를 불어넣어 주절거릴 수 있어야 한다. 특히 길을 걷고 있는 동안에는 관찰을 멈추지 말자. 절반쯤 색이 바랜 낡은 벽보, 상점에서 들려오는 음악 소리, 버스를 기다릴 때 불어오는 바람, 떡볶이의 매콤한 냄새, 콜록거리는 감기 기운. '거리'의 찰나에 '거리'를 좁히면 온통 쓸 '거리'다. 그대가 이 영화 세트장의 주인공이니까.

인터뷰

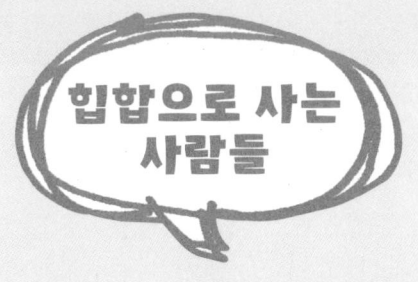

제주에서 힙합 문화를 즐기는 래퍼 세 명을 만났다. 구도자와 토다 그리고 그림. 각각 30대 20대 10대로, 세대 차이가 나지만 협력하고 도울 일이 있을 때는 적극적으로 어울린다. 구도자와 처음 만났던 기억은 각별하다. 제주도로 이주해 지역의 래퍼를 만나고 싶어 했을 때, 구도자는 트위터로 먼저 인사를 건넸다. "만나서 반갑습니다." 간단하게 쪽지를 주고받은 뒤, 한 달이 지났을까. 구도자는 전국 랩 배틀 대회 '프리스타일데이'에서 우승자가 되었다. 이런, 대단한데. 내 랩을 들으면 우습다고 하겠지? 주눅이 들어 만나기가 부담스러웠다. 못난 생각이었다. 오히려 구도자는 나를 집으로 초대해 힙합에 대한 생각을 열심히 들려주었다. 깍듯이 마중까지 해 주는데 얼떨떨했다. 그 후 그의 공연을 보기 위해 제주시 지하 라이브클럽을 열심히 찾아다녔고, 이제는 구도자가 그곳을 이어받아 '낮과밤'이라는 이름으로 운영하고 있다. 제주의 다양한 인디 음악가들이 교류하는 대표적인 장소다. 그곳에서 나는 제주대학교 흑인 음악 동아리 '블랙다이아몬드' 회장인 토다와 청소년 래퍼들의 힙합크루 '제이위드'에서 리더를 맡은 그림을 처음 만났다. 제주에 와서야 제주힙합을 알게 되었지만 이젠 제주힙합이 있어 제주를 쉽게 떠나지 못할 것 같다. 셋에게 물었다. 어떻게 랩에 빠져들게 되었는지, 힙합이 주는 기쁨은 무엇인지!

"기본적인 질문부터 할게요. 어떻게 힙합을 접했고 랩을 시작했는지 궁금합니다."

구도자》 제 안에 쌓인 울분이 힙합을 만나는 순간 그 속으로 빨려 들어갔죠. 아홉 살 때부터 삶이 괴로웠어요. 절 짓누르는 나름의 억압이 있었죠. 중학교 때 외국 음악 채널을 틀었는데 흑인 래퍼들이 랩을 하는 거예요. '우탱클랜'이라는 그룹이었어요. 내용을 알 턱이 없는데도, 들

고 있으니까 억눌린 심정이 확 풀리더라고요. 그때까지 좋아한 음악은 대부분 올드 팝이었거든요. 랩이나 힙합엔 관심이 없었죠. 우탱클랜을 알고 나서 힙합을 찾아 들었고, 1년쯤 지났을까… 저만의 랩을 시도하기 시작했어요. 노래방에 가면 저도 모르게 중얼거리고 싶어서 힙합 음악을 틀어 놓고 제 맘대로 지껄였어요. 내용 없이 친구들한테 욕설만 늘어놓는 수준이었는데, 무척 좋아하더라고요. 신기하고 웃긴다면서. 랩이라고 할 수는 없지만, 리듬에 실어서 말하니까 저 또한 살아 있는 거 같고 속이 시원했어요. 그때의 나를 표현했기 때문이겠죠? 한참을 그러다가 생각을 바꿨어요. 욕은 그만하고 이야기를 해 봐야겠다. 프리스타일을 스스로 생각해 냈어요. 전 프리스타일이란 게 있는 줄도 몰랐거든요. 세상에서 저 혼자만 이렇게 하는 줄 알았죠. 그땐 랩의 기술을 몰랐기 때문에 하고 싶은 말이 막힘없이 쏟아졌어요.

토다» 초등학교 3학년 때 아버지께서 DJ DOC 음반을 저한테 사주셨어요. 그 음반을 좋아해서 재생이 안 될 만큼 엄청나게 들었는데, 이후로 음악 장르는 가리지 않고 두루두루 많이 들었어요. 고등학교 때까지 음악 듣기에 푹 빠져 있었지만, 직접 해 볼 생각은 전혀 못 했습니다. 그러다 대학에 와서는 흑인 음악 동아리가 있다고 해서 냉큼 가입했죠. 몰랐는데 여기서는 창작 랩을 만들고 공연을 하더라고요. 저도 열심히 랩을 썼습니다. 올해 군대를 전역하고 돌아왔더니 회장 역할까지 맡게 됐네요. 저에게는 소중한 추억이 있고 랩을 할 기회를 준 동아리라서 회장직을 감수하기로 했어요.

그림 » 중2때 블락비의 '지코'를 아주 좋아했는데요, 우연히 지코의 랩 믹스테이프를 듣게 되었어요. 기존 음반에 실린 지코의 랩과는 아주 다른 느낌이라 빠져들었죠. 과감한 표현이 많았어요. 좀 듣다 보니까 저절로 다른 래퍼들의 작품도 폭넓게 찾아 듣게 됐고…. 그러다 갑자기 나만의 랩을 만들고 싶은 생각이 들어서 중2 여름 즈음부터는 직접 쓰고 부르기 시작했어요. 그해 청소년 힙합크루 제이위드에 들어갔죠. 전부터 온라인에서 랩을 좋아하는 사람들과 교류하고는 있었지만, 제 주변에 랩을 하는 사람들이 있는 줄은 전혀 몰랐어요. 그런데, '오쌍'이라는 고등학생 래퍼가 제이위드를 소개해 줬어요. 무척 신이 나서 냉큼 가입했습니다.

"블랙다이아몬드는 제주대학교 안의 동아리인데요, 다른 대학의 사람이나 대학을 가지 않은 사람까지 가입할 수 있다고 들었어요. 무척 놀라운 포용력이라고 생각합니다. 언제부터 그런 방침이 있었던 거죠?"

토다 » 선배들 말로는 동아리가 처음 생길 때부터 그랬어요. 고등학교 시절에 같이 랩을 하고 힙합을 좋아하는 친한 친구들이 있잖아요. 그 친구들하고 밖에서 만나면 학교가 다르니까 대화 내용이 어긋나고 정서적으로 분리되는 게 싫었다고 해요. 그래서 원하는 사람은 제주대 흑인 음악 동아리에서 같이 활동하는 방안을 제안했고, 지금까지 그 방침은 바뀌지 않았습니다. 동아리 초창기에는 제주대 학생이 아닌 사람의 비율이 꽤 높았다는데, 지금은 평균 두세 명 정도에요. 그중에는 대학에

진학하지 않은 회원도 있고요. 우리 학교가 아닌데 왜 회원으로 받느냐…. 그런 불만이 생긴 적은 없어요. 음악이 좋아서 모인 거니까. 블랙다이아몬드는 종종 교내에서 공연하지만, 정기 공연은 별도로 시내의 라이브클럽을 빌려서 해요. 동아리 회원이면 누구나 공평하게 참가할 수 있습니다.

"와, 다른 지역의 대학 동아리에도 이런 사례가 있을지 모르겠어요. 제주에서 힙합을 좋아하는 이들의 특별한 정서가 아닐까 해요. 또, 블랙다이아몬드는 지역의 라이브클럽과 교류하니까 저 역시 회원 분들을 자주 만날 수 있고요. 제주힙합 혹은 여러분의 모습은 어떤 방향으로 발전하면 좋을까요?"

구도자» 제주가 아무래도 래퍼 스타일이 다양하지 못한 게 있어요. 서로 어울리다 보면 비슷하게 된다고 할까요? 여러 랩 스타일을 과감하게 시도하는 분위기가 형성되기 바랍니다. 서울을 오가며 활동할 뛰어난 래퍼들도 배출되고, 그 래퍼들이 지역에서 활발히 교류하는 기반이 생겼으면 좋겠죠. 제가 운영하는 '낮과밤'이 그런 도움을 주었으면 해요. 솔직히 돈 벌려고 문 여는 것도 아니고, 골치 아픈 점도 많아서 언제까지 운영할지는 장담할 수 없지만 힘닿는 데까지 지켜보려 합니다. 아, 이럴 땐 좀 마음이 안 좋아요. 섬이니까 아무래도 인간관계가 좁은 게 있거든요. 겉으로는 내색을 안 하면서 누군가 뒤에서 자잘한 험담을 하는 경우가 발생하는데, 그런 게 다 귀에 들어오죠. 멋이 없어요. 그러지 말고 사이퍼 모임에 나와서 랩을 해야지.

토다» 저의 꿈은 제주에서 훈훈한 힙합 가족을 꾸리는 것? 결혼해서 가족을 이루고 살면서 집에서 힙합 음악을 즐기고, 가족 행사에서 누구든 랩 공연도 하고요. 전공을 살려 직업을 가질 생각이지만 동시에 레게 reggae 스타일 래퍼로 꾸준히 활동하고 싶은 마음도 있습니다. 제주도에는 레게 스타일 랩을 추구하는 사람이 거의 없으니, 제가 다양성 확보에 도움이 되었으면 좋겠네요. 하하.

그림» 고등학교를 졸업하면 서울 문화권에서 살면서 활동하고 싶어요. 저뿐만 아니라 그런 계획을 품고 있는 제이위드 친구들이 많고요. 그래도 우리가 어디에서 활동하든 제주의 약자인 'J'를 달고 있을 거예요. 마냥 제주를 떠나고 싶다는 건 아니고 제이위드의 도전과 풍부한 경험이 장기적으로는 제주의 정체성을 만드는 데 도움이 되지 않을까요?

"마지막 질문을 던지겠습니다. '힙합은 왜 나에게 필요한가?' 입니다."

구도자 » 힙합을 통해서 내면이든 외면이든 성장해 왔어요. 너무 뻔한 말이지만 힙합은 사는 방법이자 생각하는 방식이에요. 랩이든 춤이든 힙합 요소를 늘 가까이에서 경험해 왔는데, 이런 경험들이 저의 무의식에도 영향을 미쳤다고 여기거든요. 어떤 사람은 록이나 재즈 등의 음악을 통해서, 누군가는 음악이 아닌 다른 것을 통해서 같은 경험을 하겠죠. 그래서 힙합은 저를 성장시킨 장본인이고 저를 멋있게 만들어 준 스승입니다. 앞으로도 쭉 그럴 거예요.

토다 » 랩 가사를 쓰기 전에는 무척 소심했어요. 겉으로는 대인배인 척하지만 속으로 겹겹이 쌓아 놓는 소인배였죠. 가사를 쓰면서 제 감정을 곱씹을 수 있었는데, '아, 내가 어떤 일 때문에 화가 났구나.' 이런 것도 스스로 파악이 됐어요. 화가 났지만 괜찮은 척 넘어갔고 그걸 또 몰랐어요. 저를 잘 알게 되니까 다른 사람도 잘 알게 되더라고요. 힙합 좋아하기 전에는 사는 게 재미없었어요. 매일 PC방 가고 가끔 노래방 가는 거 외에는 별다른 취미가 없었거든요. 한마디로 매일매일 PC방 가는 사람에서 재밌게 바쁜 사람으로 변했어요. 힙합은 저를 과감하게 탈출시켰죠.

그림 » 랩을 좋아하기 전, 그러니까 중학교 2학년 전에는 뭔가 생각이 부족했던 거 같아요. 랩 가사를 통해서 다른 사람의 사고방식이나 마음을

파악하려고 했는데 그런 과정이 저에게 많은 도움을 줬어요. 사람을 바라보는 시선이 넓어진 건데…. 실제 생활에서도 교류하는 사람들이 무척 다양해졌고요. 또, 제가 틈틈이 일러스트로 캐릭터를 그리거든요. 힙합 덕분인지 그림에 저만의 뚜렷한 개성이 있다는 말을 많이 들어요. 힙합은 저의 그림 작업을 도와주는 친구이기도 합니다.

음악에 랩은 늘 야바위?
MR(반주)에 맞춰 랩을 뱉는 것 따윈
이젠 아무나 해 사상을 가져 지혜를 우린 갖춰야 해
우린 다윗 인도자 거리의 스피커
히치하이커를 위해 붙인 안내 스티커
금빛 목걸이는 NO 우선 존경을 걸칠 것

구도자의 <무제> 중에서

인터뷰를 마치고 우리는 라이브클럽 낮과밤으로 발걸음을 옮겼다. 매주 목요일 밤은 누구나 대기자 목록에 신청하면 15분 동안 무대를 사용할 수 있는 오픈마이크가 있기 때문이다. 래퍼들도 즐겨 찾는 날이다. 계단 아래 지하 공연장에 준비된 무대는 세 평 남짓하다. 그걸로 충분하다. 너와 나를 움직이고 만나게 해 주었으니까.

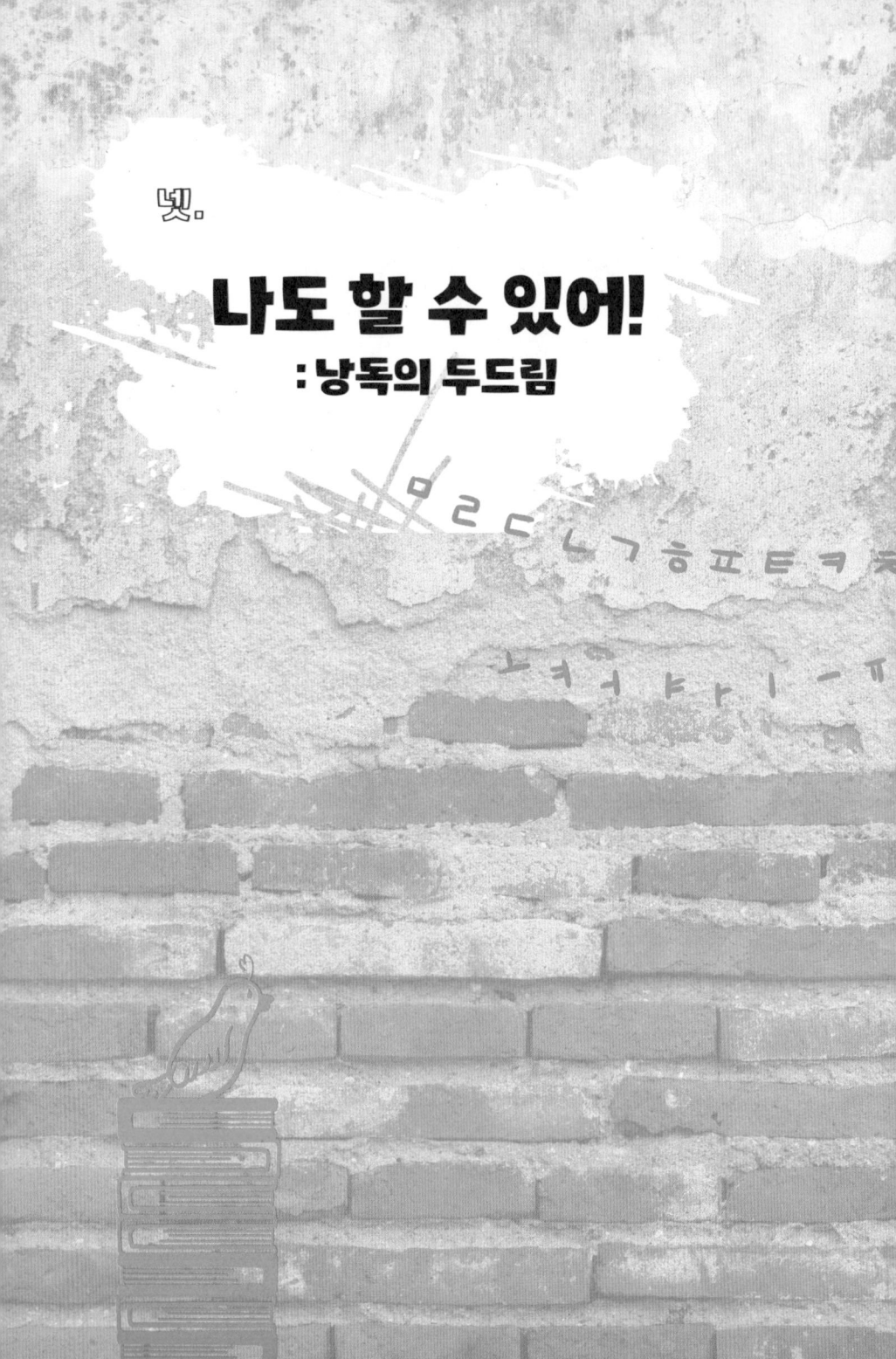

- 숨겨진 리듬을 찾자
- 귀에 쏙쏙 박히는 말투로
- 폼 나게 읽어 볼까

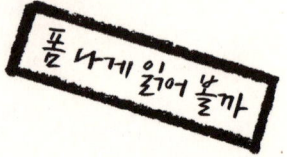

랩이란 무엇이고 래퍼란 어떤 사람인지 감이 오나?

그렇다면 심호흡을 해 보자.

필요한 건 종이와 연필, 그리고 중얼거릴 입이다.

쓰다 보면 입술이 바싹바싹 마르고 숨이 막힐지도 모른다.

어려운 정도가 아니라, 애간장을 태우는 고문이다.

잠깐 그렇다고 겁먹진 말고!

랩보다는 훨씬 쉽지만 랩의 묘미를 즐길 수 있는 기막힌 방법이 있다. 일반적인 낭독에 랩의 기술을 접목하는 것이다. 종이 위에 하고 싶은 말을 빼곡 늘어놓고, 시적인 표현을 불어넣어 문장으로 가다듬는다. 문장 안에는 넘실거리는 운율과 장단이 속속들이 감춰져 있다. 이걸 래퍼의 감각으로 찾아낸다. 그리고 굽이치는 혀를 통해 터트리는 입술로, 지휘하는 손짓과 연설가의 얼굴로 표현한다.

외국에선 이런 방식과 비슷한 시 낭송 '스포큰워드Spoken Word'가 큰 호응을 얻고 있다. 작은 클럽 모임에서 전국구 경연 대회까지, 행사 규모도 가지가지다. 잔잔한 음악에 차분한 목소리로 낭송하는 것이 아니라 랩처럼 말을 던지고 온몸으로 시를 발산한다. 읽는 시와는 다르다. '소리로서의 시'다. 이것을 랩이라고 할 수는 없지만, 랩과 비슷한 점이 많다. 힙합 문화와도 매우 친하다. 소리로서의 시를 짓고 공연하는 시인

중 일부는 '힙합 시인'이라 불릴 정도니까. 그들의 시는 랩 가사처럼 장황하고 깨알 같다. 직설적인 시 언어를 구사한다.

우리나라에서는 시도된 적이 없었다. 문화와 언어 차이가 있어 그대로 들여오는 것이 어렵고, 우리말 표현도 아리송하다. 하지만 한국어 랩과 한국 힙합이 자리 잡은 지금, 우리만의 창조는 충분히 가능하다. 또 필요하다. 랩의 장점을 이용해 문학을 즐기는 거다. 그 도전적인 문학의 이름을 나는 이렇게 부르고 싶다.

낭독의 두드림.

랩처럼 언어를 두드리고, 그 울림으로 청중의 마음을 두드리는 문학이다. 랩을 잘 모르는 사람도 누구나 어렵지 않게 글을 쓰고 과감히 발표할 수 있다. 두드려라, 그러면 열릴 것이다!

낭독의 두드림은 긴 글이 필요하다. 풍부한 표현력이 있어야 하고 직설적인 산문을 써야 한다. 그다음 두드리듯 낭독한다. 여기에서 두드림은 간헐적으로 두드리는 북과 비슷하다. 연속적으로 두드리는 연주가 아니라, 띄엄띄엄 긴장감을 높이는 두드림이다.

이럴 때 북소리는 '퉁' 튕겨 나와 사람을 '퉁' 건드린다. 낱낱의 글자를 단단히 발음하고 던지듯이 말해야 한다. 튕겨 나온 언어는 청중을 움직인다. 이 북소리는 얼핏 규칙 없이 들릴 수도 있지만, 반복과 변화의 장단이 곳곳으로 이어진다. 말로 설명하려니 너무 어렵다. 긴말 필요 없이 랩의 세 가지 기술을 이용하자.

첫째, 귀에 쏙쏙 박히는 말투

둘째, 느리게 빠르게 속도를 타는 목소리의 흐름

셋째, 중간중간 터트리는 단어의 운율

반주는 없다. '시시해, 반주가 없다니.'라고 생각한다면 오산. 정성 들여 쓰고 읽기만 해도 청중의 환호를 받을 수 있다. 랩으로 이 정도 호응을 얻으려면 적어도 몇 년간 수련해야 한다고!

낭독의 두드림은 낭독(내용 전달)과 랩(장단 표현)의 곱하기다. 둘의 장점이 결합하면 덧셈이 아닌 곱셈이 된다. 2 곱하기 5는 10이고, 5 곱하기 2도 10이다. 글의 내용이 조금 빈약해도 장단을 잘 살리면 되고, 장단은 좀 서툴러도 내용이 좋으면 된다.

내용과 장단이 둘 다 좋으면? 열광의 도가니를 기대할 만하다. 단, 너무 랩처럼 읽으면 낭독의 맛이 떨어져 나눗셈 효과가 발생할 수 있으니 래퍼 지망생은 살짝 주의해 주시길.

무대 위에 올라가 머리를 긁적이며 주뼛거리는 건 절대 금물이다. 내가 직접 쓴 글을 발표한다고 하면 청중은 귀를 쫑긋 세우고 있다. 탄성을 내뱉기 위해 숨을 고르는 중이다. 주인공으로서 당당히 나서야 김이 빠지지 않는다.

낭독의 두드림을 하려면 여럿이 필요하다. 우선 모여서 글을 쓰고 각자 연습해야 한다. 친구를 몇 명 부르거나 누군가에게 모임 주선을 부탁해 보자. 모임 장소는 되도록 자유롭게 보여야 좋다. 같은 교실이라도 의자와 책상을 요리조리 흩어 놓는다던가, 삐딱하게 앉기를 권유하는 식으로 분위기를 바꿀 수 있다. 미국 하버드 대학의 인기 강좌 '정의란 무엇인가'를 보면, 강의실 첫 줄에 앉은 학생들의 자세는 삐뚤빼뚤하다. 생각할 게 많아서다.

스포큰워드 Spoken Word
공연을 위한 시문학이라 할 수 있다. 스포큰워드 발표자는 시적인 표현이 깃든 장문의 글에 리듬적인 요소를 부각해 낭독한다. 즉흥으로 문장을 짓고 읊는 것이 가능하며, 랩처럼 화려한 라임을 쓰기도 한다. 때문에 힙합 문화와 적극적인 교류가 이루어진다. 여러 명이 모여 스포큰워드를 발표하는 대회는 포이트리 슬램 Poetry Slam이라고 불린다. 간단히 슬램이라 일컫는 경우도 많다. 미국 대중음악시상식 그래미워즈에서는 매년 '스포큰워드 앨범상'을 수여하고 있다.

스포큰워드 영상보기

이제 써 볼까

a.k.a 이름 짓기

래퍼에게는 래퍼의 이름이 따로 있다. 본명을 쓰는 래퍼도 있지만, 보통 별도의 이름을 사용한다. 마이크를 잡은 나는 평소의 나와 다르기 때문이다. 그래서 래퍼의 이름에는 '에이 케이 에이a.k.a'가 따라 다닌다. 'a.k.a'는 'also known as'의 줄임말. '~로도 알려진'이라는 뜻. 힙합의 상징어라고 생각하면 된다. '본명 a.k.a 별명' 이런 식으로 연결해 쓰면 격식 있는 래퍼의 이름이 갖추어진다.

낭독의 두드림을 위해 꼭 래퍼의 이름이 필요한 건 아니다. 우리는 잠재적인 래퍼니까 이름을 미리 지어 두자는 거다. 낭독의 두드림을 잘하면 랩도 잘하게 된다. 랩과 낭독의 두드림은 '정식 경기장 농구'와 '3대3 길거리 농구' 정도의 차이다. 평소에 즐겨 쓰는 별명이 있다면 그대로 사용해도 좋다. 단, 남들이 놀리듯 부르는 별명은 절대 금물! 본명 대신 불리고 싶은 별명이어야 한다. 예상하건대 별명 하나 짓기도 쉽지는 않을 거다.

도통 막막하다면 한 명씩 돌아가며 인디언식 이름을 받아 보도록 하자. 모두가 머리를 모아 한 사람의 이름을 지어 주는 것이다. 좋은 특징을 찾아내 그에 걸맞은 단어를 뽑아내고 그 단어를 분해, 조합해 볼 수 있다. 되도록 한글 이름을 권한다. 내가 알고 지내는 사람들의 이름을 말해 볼 테니 참고하길 바란다.

술래, 감초, 탄산, 보리, 풀 뜯는 소리, 환생, 반달, 쌀, 팽이, 백호, 피리.

나도 나를 몰라

낭독의 두드림은 자유 주제다. 아무거나 쓰고 싶은 것을 쓰면 된다. 단, 분량은 많아야 한다. 아무리 짧아도 1분 정도는 낭독해야 묘미가 살아난다. 적지 않은 양이다. 좀처럼 연필이 움직이지 않는다면, 두 가지 소재부터 시작하라. 자기소개 하기와 쌓인 불만 토로하기. 자기소개에 신상 정보는 될 수 있으면 빼놓자. 학교, 학년, 반, 나이 같은 것들 말이다. 그런 건 줄이 반듯하게 그어진 서류에나 어울린다. 자신만을 표현할 수 있는 걸 찾아내야 한다. 불만과 고민, 좋고 싫은 것을 거침없이 나열해 본 다음 그중에서 글거리가 될 만한 것을 골라낸다. '유에프오'와 '청국장'을 좋아하는 한 중학생은 비행접시를 타고 온 외계인에게 청국장을 대접해 주고 싶다는 이야기로 인상적인 소개 글을 완성했다.

머리를 쥐어짜도 생각나는 문장이라고는 '피시방이 좋고 학교가 싫어요.' 뿐이라면? 이럴 땐 다큐멘터리 카메라처럼 내 뒤를 졸졸 쫓아다니자. 아침 일찍 잠을 깨는 버릇은 무엇이고 학교까지 뭘 타고 가는지, 내 기분은 어떻고 다른 이들은 어찌 보이는지, 학교 정문에서 첫눈에 띄는 건? 교실 문을 여는 순간 어떤 모습과 감정이 교차하는지… 차례대로 연상하다 보면 여러 개의 문장을 얻을 수 있다.

래퍼는 설득력이 있어야 한다. 학교 대신 피시방에서 지내고 싶다는 말은 설득력 꽝. 학교의 모든 것을 한 번에 바꿀 수는 없다. 최소한 무엇만은 바꿔 달라고 제안해 볼 수는 있다. 보충 수업 때 늘어진 교실 풍경을 묘사하기만 해도 훌륭한 제안이다.

불만은 솔직해야 한다. 자기 자신에게 솔직해야 한다. 남이 날 얕잡아 본다면 나에게 우선 물어야 한다. 정말 놀림거리가 될 만한 것인가? 젓가락질 잘하지 못해도 밥 잘 먹고 왼손잡이라서 더 특별하다. 집안 형편이 어려우면 서민을 대표하는 신분이다. 아버지에게 버림받은 꼬마는 미국 최초의 흑인 대통령이었고, 가난한 흑인보다 더 비참했던 백인 아이는 힙합 음악계를 뒤흔들 래퍼였다. 팔다리가 없이 태어난 청년 '닉 부이치치Nick Vujicic'는 그의 행복 강연에서 비트박스를 들려 준다. 그는 말한다. "팔다리가 없다고 자책하는 건 아무런 도움이 되지 않았죠. 내가 능력이 없다고 여긴 건 거짓이었어요."

거짓에 휩싸이면 뚜렷한 이유도 없이 남에게 분노한다. 자꾸만 내 약점을 숨기려고 든다. 약점을 모조리 꺼내서 도마 위에 올려놓자. 약점 중에서 진짜 단점이라 쓸모없는 것들은 잘라 버리고, 알짜배기 약점은 손질해서 모아 놓는다. 랩과 스포큰워드로 요리해야 하니까.

래퍼들은 자신의 약점을 잘 활용한다. 자타 공인하는 초라함을 있는 그대로 밝혀서 돋보이게 한다. 송곳으로 찔러도 끄떡없어 보인다. 영화를 생각해 보라. 약점 하나 없는 주인공이 탱자탱자 살면 무슨 재미가 있나. 똑같은 거다. 힙합 영화 〈8마일〉의 주인공 래빗도 약점투성이다. 불량한 척 뻐기며 자신을 무시하는 흑인 래퍼 '파파닥'에게 래빗은 거칠게 쏘아붙인다.

"그래, 난 너희한테 수시로 얻어터졌어. 엄마랑 단둘이 사는 트레일러 바퀴도 터졌어. 누가 봐도 볼품없는 백인이라 백이면 백 인정해. 그런데 넌 랩은 거칠게 하면서 교복 입는 고급 사립 학교 나왔어? 부모님 사이도 좋아, 어딜 가면 늘 엄마 아빠 함께 나와 있어? 여긴 없어? 난 이따위 대결 져도 상관없어. 나에 대해 더 말해 볼 거 있으면 한번 말해 봐!"

마이크를 건네받은 파파닥은 입이 굳어 아무 랩도 하지 못한다. 유복한 가정이 약점이었던 건 아니다. 그는 거칠어 보이는 래퍼가 되고 싶어 일부러 자신의 환경을 숨겼다. 진짜 모습과 어울리지 않는 랩 가사를 쓰고 갱스터인 척했다. 랩은 잘했지만 감추어진 가짜가 들통난 것이다. 자신에게 어울리는 모습으로 랩을 쓰고 불렀다면 문제없었을 텐데! 이제 거짓 가면을 벗고 다시 시작해야 할 거다.

약점을 소재로 삼을 때는 래빗처럼 그냥 털어놓으면 된다. 그게 뭔 상관이야? 이런 식이다. 불만도 마찬가지다. 이유 있는 불만 뭉치를 눈앞에 올려놓자. 그 뭉치를 한 올 한 올 풀어내 줄줄이 늘어놓다 보면 설득력이 생긴다. 훌륭한 낭독이 된다. 거기서 개성 있는 내가 나온다. 이걸 극복하고 훌륭한 사람이 될 거라고 외치지 않아도 된다. 지금도 훌륭하다. 습관적인 교훈과 계몽적인 결말은 싹 지워 버려라.

문장은 되도록 길게

문장 속 단어들은 장단을 나타내는 음표와 같다. 모음 하나 자음 하나에 장단이 있다. 문장을 길게 써 놓아야 사용할 수 있는 음표가 많아진다. 두세 개의 짧은 문장이 있으면 나중에 다시 쪼개더라도 일단 하나로 엮어 놓는다. 농구공을 튀기며 걷는다고 상상해 보자. 문장은 공을 튀기며 걸어갈 수 있는 거리와 같다. 거리가 길면 공을 세게 약하게, 높게 낮게, 느리게 빠르게 변화를 주며 재미있게 튕겨 갈 수 있다. 거리가 짧으면 시시하다.

풍부한 표현 덧붙이기

긴 문장을 풍부하게 뽑아내려면 표현력이 필요하다. 표현력 없이 문장을 뽑는 건, 퍽퍽한 밀가루 반죽으로 면을 뽑는 것과 같다. 건조하다. '그냥' '막' '아주' '정말' 등 평소 대충 쓰는 말들은 물기가 없다. 되도록 피하고, 쓰더라도 한두 번 이상은 쓰지 않도록 하자. 어떻게든 이 단어들을 죽죽 잡아당겨 길게 늘여야 한다. 촉촉한 단어와 표현들이 필요하다. 만화《맛의 달인》을 본 적이 있다면 이해가 빠를 거다. 된장찌개 국물 한 수저를 맛보더라도 달인들은 그냥이 없다. "아, 이 맛은 몹

시 눈이 내리는 날 꽁꽁 얼어붙은 손을 녹여 주었던 주머니 난로를 생각나게 하는데…."라든가, "비가 갠 동산 너머로 쌍무지개가 뜨는 맛이야!"라고 감탄한다. 여전히 감을 못 잡으면 어쩔 수 없다. 유치하지만 아래처럼 해야 한다. 문장 안에 동그라미나 밑줄로 공백을 표시하고, 그 안에 넣을 수 있는 말을 죄다 떠올려 보라. 문장의 마지막은 될 수 있으면 '~다'로 끝맺지 않는다. 그래야 낭독할 때 단조롭지 않고 생동감을 줄 수 있다.

'학교 책상에 앉으면 졸린다'

OOO 학교 책상에 앉으면 _____ 졸린다

(OOO : 네모난, 삐걱대는, 가로세로 두 뼘 반
_____ : 천근만근, 나도 모르게, 남태평양 나무늘보처럼)

 네모난 학교 책상에 앉으면 **나도 모르게**
남태평양 나무늘보처럼 졸린다

네모난 학교 책상에 _____ 앉으면 나도 모르게
남태평양 나무늘보처럼 잠이 쏟아져

 네모난 학교 책상에 **털썩** 앉으면 나도 모르게
남태평양 나무늘보처럼 잠이 쏟아져

운율과 장단을 만들자

어때, 문장이 제법 풍부해졌지? 이제 입으로 소리 내어 읽을 차례다. 아직 크게 읽을 필요는 없고 혼자서 들릴 정도면 된다. 단, 발음은 또박또박해야 한다. 입에서 바람이 마구 새면 단어에 힘이 빠져서 튀어 오르질 않는다. 또박또박 읽으면서 부드럽게 읽어 나간다. 그러면 문장에서 흐름을 타는 발음들이 속속 눈에 띈다. 처음엔 어렵겠지만 여러 번 읽다 보면 요령이 생긴다. 발음이 멈춰 서거나 시원하게 터지는 부분, 속도가 붙거나 띄엄띄엄 읽게 되는 부분을 표시한다. 유사한 발음이 반복되는 음절엔 동그라미를 그려 두자. 여러 번 중얼거리면서 다양한 흐름을 표시해 두면, 한 문장 안에서 여러 가지 장단이 나타난다.

① 네모난 학교 책상에 / 털썩 앉으면 나도 모르게 /
　남~태평양 나~무늘보처럼 잠~이 쏟아져

①의 '책상에'와 '모르게'는 '에'로 끝나는 3음절이다. 반복되는 장단이 생긴다. 둘의 억양과 읊는 속도를 비슷하게 하고, 뜸을 들이듯 살짝 멈춰 서 보자. '남, 나, 잠'은 모음 '아'의 특성상 시원하게 발음할 수 있어 흐름의 기준점이 되기에 좋다. 'ㄴ, ㅈ'은 포근한 느낌을 준다. 여유로우면서 입체감 있게 발음한다. 능청스럽게 길게 늘여 보는 것도 좋다. 이렇게 하면 두 가지 장단의 변화를 즐길 수 있다.

② 네모~난 학교 책상에/ 털썩 앉으면 나도~ 모르게/
   남태평양 나무늘보~처럼 잠이 쏟아져

②에서는 규칙적으로 배열된 모음 '오'의 음절을 흐름의 기준으로 잡는다. '오' 발음은 앞에서 뒤로 당겨오는 느낌, 혹은 공을 바닥에 튕기는 느낌으로 읽어 본다. 감탄사로서 '오~'를 길게 내뱉어 그 움직임을 감지해 보자. '우'는 밖으로 뻗어 가지만, '오'는 안으로 감겨 온다. '책상에'와 '모르게'는 ①번과 같이 반복의 리듬을 살린다.

③ 네모난~/ 학교 책상에 털썩-앉~/으면 나도 모르게-남~/
   태평양 '나무늘보'처럼-잠~/이 쏟아져

③의 문장에서 '안'과 '암'의 규칙적인 배열을 찾아냈다. '안(난, 앉)'에서 '암(남, 잠)'으로 자연스럽게 운율이 변한다. ①번과 ②번보다 문장의 뜻을 전달하기 어렵겠지만, 규칙적인 음절들이 '당김음(박자를 미리 당기는 음)'의 효과를 내면서 팽팽한 긴장감을 불러일으킨다. 당김음의 효과를 확실히 주려면 '안'과 '암' 음절을 길게 늘이면서, 바로 앞 음절과는 붙여 읽어야 한다. 정교한 연습이 필요하다.

라임(압운) 덧붙이기

라임은 랩에서 운율을 만들기 위해 쓰는 대표적인 기법이다. 발음이 비숫한 단어들을 일정한 간격으로 배치하면 강력한 장단이 생긴다. 라임은 눈으로 봐서 비슷한 단어가 아니라, '입으로 말해 봐서' 비슷해야 한다. 예를 들어 '기타'로 라임을 만들어 보자. 입으로 기타를 계속 웅얼거리면서 발음이 닮은 단어들을 여러 개 찾아낸다.

기타 ☞ 기다, 깊다, 비타/민

찾아낸 단어 중 맘에 드는 것을 선택해 문장을 짓는다. 랩에서는 이렇게 라임이 잘 나오는 단어를 중심으로 새로운 문장을 짓곤 한다. 스포큰워드에도 응용할 수 있다.

우울한 마음이 들 때면 튕겨 보는 **기타**/
그 여섯 줄에서 나오는 소리는 참 **깊다**/
녹슨 피로에 필요한 시큼한 **비타**/ 민처럼

눈으로 보기에는 '기타'와 '기다'가 제일 비슷해 보인다. 발음해 보면 아니다. 소리 내어 읽을 때는 '깊다'가 가장 좋은 운율을 만들어 낸다. 만약 '기다'를 이용해 라임을 만들고 싶다면 '기다'를 '기타' 앞에 두는 것이 좋겠다. '기다'에서 '기타'로 이어지는 발음의 변화가 자연스럽다.

널 **기다**/리다 지칠 때면 난 **기타**/를 튕겨 보곤 해
그 여섯 줄 소리가 참 **깊다**/고 넌 얘기하며

내 손에 **비타**/민을 꼭 쥐어 주었지

이번에는 징검다리 라임을 만들어 보자. 기타(A)와 운율을 이루는 다음 단어(B)가 '징검다리'가 되어 새로운 라임(C)을 불러들이는 것이다.

기타(A) ☞ 깊다(B) ☞ 기쁘다(C)

우울한 마음이 들 때면 튕겨 보는 **기타**/
그 여섯 줄에서 나오는 소리는 참 **깊다**/
선율을 타고 춤추는 내 영혼,
그대가 있어 난 이토록 **기쁘다**

시냇물이 아래로 흐르는 듯, 유연하면서도 역동적이다. 중간의 깊다(B)가 기타(A)와 기쁘다(C)를 차례대로 연결하며 운율이 변하는 효과를 준다. 이제 처음의 예시 문장으로 다시 돌아가 기술을 응용해 보자. 문장 안에서 적당한 단어를 하나 선택해 라임을 만든다. '털썩'이 맘에 든다.

네모난 학교 책상에 / **털썩** 앉으면 나도 모르게 /
남태평양 나무늘보처럼 잠이 쏟아져

① 털썩 ☞ 철썩

> ② 털썩 ☞ 덥석 ☞ 더 없어
> ③ 털썩 ☞ 야단법석 ☞ 벌써, 벌 서

① 네모난 학교 책상에 **털썩**/ 앉으면 나도 모르게 **철썩**/
남태평양 나무늘보처럼 잠이 쏟아져,

② 네모난 학교 책상에 **털썩**/ 앉으면 나도 모르게 **덥석**/
남태평양 나무늘보처럼 잠이 쏟아져,
이젠 꿀 수 있는 꿈도 **더 없어**.

③ 네모난 학교 책상에 **털썩**/ 졸린 눈꺼풀은 야단**법석**/
남태평양 나무늘보처럼 잠이 쏟아져, **벌써**
이러다간 오늘도 또 **벌 서**

②는 '더 없어'에 어울리는 문장이 새로 추가되었고 ③은 '야단법석'과 '벌 서'를 살리기 위해 문장을 바꿨다. 내용이 더 풍부해지면서 전달력도 한층 살아난다. 하지만, 라임을 살리기 위해 추가된 문장이 현실을 왜곡한다면 포기해야 한다.

우리 학교에선 잠 때문에 벌 받을 위험이 전혀 없는데 "이러다간 또 벌 서"라고 해도 될까? 전체 글의 맥락을 따져 보고 판단해야 한다. 보편적인 교육 문제를 상징한 것이면 괜찮지만, 우리 학교를 일컫는 내용이면 곤란하다. 실제와 다르다. 발표하는 사람의 신분이 학생일 땐 되도록 포기하는 것이 맞다. 내가 원하지 않더라도 소속 학교를 대표하기 때문이다.

'동음이의어'도 훌륭한 라임이 된다. 예를 들어 '설탕을 넣지 않은 커피는 쓰고 그걸 마시면서 밤새도록 시를 쓰고'와 같은 경우, 간단하지만 팽팽한 긴장감이 있다. 다만 같은 단어를 같은 뜻으로 반복하는 건 라임의 효과가 거의 없다. 오히려 맥이 확 풀릴 수 있다.

라임은 인류의 언어 탄생과 함께 계속 발전해 왔고 힙합 문화 속에서 급속하게 발전했다. 옛날에는 시와 시조 같은 문학에서 주로 쓰였지만 현대에는 광고 문구나 신문 기사 제목에서 많이 찾아볼 수 있다.

"두면 고물, 주면 보물"은 중고 물건을 기증해 달라는 비영리 단체의 광고 문구로, 집안의 애물단지를 기증하면 어려운 이웃을 위해 값지게 사용한다는 뜻이다.

한 신문 기사에선 다음 제목이 눈에 띄었다. "학교 폭력은 악하지만 폭력 학생은 약하다." (한겨레 '왜냐면' 2012년 1월 21일자) 발음이 비슷한 '악'과 '약'이 폭력 학생의 양면성을 상징하면서 독자에게 선명한 인상을 남긴다.

라임은 멋진 기술이다. 그만큼 아껴 쓰도록 한다. 즉흥으로 춤을 겨루는 댄서는 자신의 최고 기술을 처음부터 꺼내 들지 않는다. 아껴 두었다가 꼭 필요할 때 보여 준다. 랩을 좋아하는 많은 이가 라임 강박증에 걸려 있다. 자신의 이야기보다 라임이 우선이다.

라임이 많다고 꼭 좋은 게 아니다. 가장 중요한 건 긴장감을 놓치지 않는 말의 흐름과 그 안에 담겨 있는 내용의 호소와 설득력이다. 무작정 라임에 치우치면 말의 흐름이 경직되고 단조로워진다.

라임을 맞추느라 억지로 지어낸 문장은 심히 어색하거나 사실과 어긋날 위험도 크다. 위 예문처럼 세 번 이상 라임을 강조한 부분은 전체 글의 일부분으로 제한하자.

어떻게 해야
폼 나게 읽을 수 있을까

글을 완성했다면 본격적으로 낭독을 연습한다. 낭독은 연기와도 비슷하다. 문장에 담긴 감정의 파편을 표정과 말투, 손짓에 분산시킨다. 과감하면서도 절제된 표현이 중요하다. 손과 팔은 말소리에 맞춰 움직이되 약간 힘이 들어가는 듯 끊기는 맛이 있어야 한다. 래퍼의 무대 매너를 잘 관찰하면 알 수 있다. 입은 크게 움직인다. 끊이지 않고 이에 부딪히는 혀의 감각을 느끼면서, 그것을 북채의 두드림처럼 즐겨야 한다. 그 두드림에 맞춰 몸이 움직이고 고개가 흔들리고 손끝은 지휘자처럼 허공을 가른다.

귀에 쏙쏙 박히는 말투

하나! 마침표에서는 목소리를 올려

책을 읽을 때 많은 사람이 문장 끝에서 힘을 뺀다. 심하면 띄어쓰기마다 억양을 떨어뜨린다. 듣는 사람은 기운이 팍팍 빠진다. 따다다다다… 따다다다다… 이러면 곤란하다. 전반적으로 억양은 고르게 가자. 마침표가 있는 문장 끝마디에선 힘을 더 싣는다. 힘이 들어간 어조로, 느슨한 스타카토 혹은 글자 하나하나를 꼭꼭 집어내듯이 읽는다. 각 문장의 끝에서 긴장감을 올려 주어야 청중은 다음 문장을 기대한다. 듣는 도중 절대로 지루함을 느껴선 안 된다. 목소리에 힘을 빼야 분위기를 살릴 수 있는 특수한 경우가 아니라면 이 방식을 유지한다.

둘! 글자를 꼭꼭 씹듯이

띄어쓰기는 중요하지 않다. 음절이 중요하다. 이를테면 '아버지가/ 방에/ 들어가신다'를 '아/버/지/가/방/에/들/어/가/신/다' 총 11음절로 분리해서 인식한다. 음절 하나하나를 꼭꼭 씹듯이 발음하면 소리에 탄력이 생긴다. 입을 크게 벌려서 혀의 움직임에 집중해 보자. 소리마다 달라지는 혀의 변화가 북채의 두드림처럼 느껴지도록. 문장 안에 라임이 있다면 충분히 강조해서 반복과 변화의 장단을 확실히 살려야 한다. 꼭 억양을 세게 해야 강조되는 건 아니다. 띄엄띄엄 느리게 읽는 것도 효과적인 강조 방법이다.

셋! 개성 있는 발음은 실험적으로

소리를 표현하는 의성어나 모습을 나타내는 의태어는 소리도 모양도 재미있다. 발음과 느낌을 잘 살려 읽으면 듣는 이의 상상력은 배가 된다. 실험적인 발음에도 유리하다. '털썩', '덥석'의 경우, 바람이 새어 나오는 발음 '썩' '석'을 이용해 DJ 스크래치 소리를 흉내 낼 수 있다. '히죽히죽', '삐죽삐죽', '으쓱으쓱' 또한 DJ 스크래치 소리와 적합하고, '우당탕', '오동포동' 등은 드럼 소리와 비슷하다.

느리게 빠르게 속도를 타는 목소리의 흐름

하나! 리듬을 미리 넣지 말고

신나는 박자를 타며 "감사합니다"를 연발하는 개그맨 세 명이 인기다. 이들은 '감사합니다'의 억양과 장단을 그대로 반복하면서 그 위에 여러 말을 쏟아 낸다. 신나기는 하지만 낭독의 두드림에선 금물이다. 감사합니다에는 랩의 특징이 거의 없다. 한국인의 가장 보편적인 말투다. 오히려 '판소리'에는 랩의 특징이 있다. 변화하는 말의 흐름에 이끌려 고개가 끄덕여지는 긴장감이 있기 때문이다.

절대로 감사합니다의 장단이 나오지 않도록 주의하자. 한 번 튀어나오면 이 장단에 모든 문장을 얹어 끝까지 가게 된다. 자신만의 정형화된 말장단을 가진 사람도 마찬가지. 처음부터 끝까지 자신의 말버릇을 반복한다. 정해진 장단에 글자를 얹느라 각 음절이 지닌 장단은 살리지 못하고, 시동 걸린 장단에만 끌려다닌다. 브레이크를 잘못 밟는다. 음절 하나하나에 집중해서 천천히 낭독하면 운전대를 잡을 수 있다. 적재적소마다 브레이크를 밟아야 한다.

둘! 일단은 느리게

악보를 연주할 때 가장 중요한 것은 정확한 박자다. 똑딱이는 메트로놈 소리에 맞춰 충분히 연습해 두어야 기량을 발휘할 수 있다. 현란한 기술을 발휘해도 박자에 맞지 않으면 연주라고 할 수 없다. 연주에서나 낭독에서나 점점 빨라지는 속도를 조심해야 한다. 가속도가 붙으면 제어하기 어려워진다. 처음에는 무조건 천천히 말을 시작하고, 빨라진다 싶으면 바로 속도를 가다듬는다. 특히 문장 끝에서 다음 문장으로 넘어가는 모든 마디마다 신경을 곤두세운다. 쫓기듯 시작해선 안 된다. 문장의 끝과 시작 사이에서 잠깐 심호흡한다는 느낌으로 약간의 공백을 준다. 준비된 마음으로 입을 열도록 한다.

셋! 속도감을 줄 수 있는 곳엔 밑줄 쫙

여유로운 속도를 유지하는 것에 능숙해졌다면 '고속 구간'을 선별한다. 혼돈이나 혼란, 강하게 내뱉듯이 주장하는 말 등 속도감을 줄 때 효과적인 부분이 있다. 단, 빠르면서도 발음은 선명해야 한다. 정확한 연습이 필요하다. 고속 구간이 끝나면 즉시 브레이크를 밟아 속도를 되돌린다. 마음속으로 또박또박 '하나 둘 셋'을 세는 동안 멈춰 잠시 침묵의 공백을 이용하는 것도 좋다. 반대로 속도를 아주 느리게 해야 효과적인 부분에는 '저속 구간'을 만든다.

넷! 공백으로 전율을

랩에서는 박자를 타기 위해 공백을 활용한다. 정확한 쉼표로 악보 위에 표시할 수 있다. 낭독에선 말하기 기술로써 공백을 이용한다. 청중의 반응을 지켜보며 상황에 맞게. 즉 상대에게 내용을 전달하는 연설자의 기술과 요령이다. "우리는 왜! 여자들에게 인기가 없는가?"라고 항변하는 개그맨들의 연설극에서 공백을 찾아보자. 빨라지는 속도를 조절하기 위해 숨을 고르는 호흡, 중요한 단어들을 발음할 때 띄엄띄엄 읽는 여유, 청중의 반응이 최고조에 이를 때 모든 시선을 흡수하는 잠깐의 '침묵'…. 청중은 크고 작은 전율을 맛본다. 낙하하기 직전 공중 끝에 멈춰선 바이킹처럼.

중간중간 터트리는 단어의 운율

라임의 재미는 중요한 매력이므로 다시 한번 점검하도록 하자. 듣는 이가 라임의 존재를 확실히 알아챌 수 있도록 여러 번 연습한다. 라임은 여유로운 말의 흐름 안에서 돋보인다.

낭독의 자세

원고는 높이, 고개를 들고

원고를 들고 있는 손은 어깨 높이까지 올린다. 그래야 고개가 아래로 숙여지지 않는다. 고개가 내려가면 자신감이 없어 보이고, 목소리가 답답해진다. 읽어 내려가면서 고개가 점점 떨어지지 않도록 어깨와 목에 힘을 유지한다. 원고를 든 손은 정면이 아니라 옆으로 비껴든다. 앞에서 보았을 때, 마이크를 중심으로 얼짱 각도에 가까워지도록.

원고는 훌륭한 무대 소품이다. 원고를 들고 있는 모습 자체가 '창작'을 증명하는 연출이 된다. 외우기 싫어서 원고를 들고 나왔다는 생각은 들지 않는다. 물론 원고를 암송할 수 있다면 좀 더 도전적인 시선을 보낼 수 있고, 자유로운 손짓 연기가 가능하다. 자신 있다면 시도하자. 손짓 연기엔 자신 있지만 암기가 부담스러울 때는 악보대를 사용할 수 있다. 원고를 올려 둔 악보대의 높이와 위치를 잘 조정해야 한다.

손짓 연기

자유로운 손은 가슴 중앙에 놓는다. 팔꿈치를 축으로 귀 쪽으로 그대로 이동한다. 30센티미터 정도. 손목은 힘없이 꺾이지 않도록 한다. 약지와 새끼손가락이 자연스럽게 살짝 굽어 있는 모양이 좋겠다. 거기서 얼음! 이 위치와 모양이 기준이다. 말의 흐름과 장단에 맞춰 손은 허리에서 머리 위까지 움직일 수 있지만, 기준으로 돌아오려는 관성이 있어야 한다. 움직임의 축이 느껴져야 허술해 보이지 않는다. 손은 말을 표현한다. 말을 뱉으면서 장단과 속도, 단어의 느낌에 맞게 움직이도록 연습한다. 말소리에 즉각적으로 반응해서 움직여야 한다. 말보다 앞서 손을 흔들거리면 안 된다. 손목이 굽지 않도록 조심하자.

발의 위치

낭독의 두드림은 '내 이야기를 들어 주세요.'가 아니라, '내 이야기를 잘 들어 보시오!' 다. 당당함을 넘어 약간 거만해 보여도 괜찮다. 자신의 당당함에 어울리는 발의 위치를 정해야 한다. 보통 어깨보다 조금 좁은 간격으로 양발을 벌리고, 원고를 든 손의 반대쪽 발을 앞으로 약간 뺀다. 발의 움직임은 크지 않다. 살짝 앞으로 나서거나 뒤로 빠지는 정도. 몸 전체가 흔들리는 큰 동작에서도 탄력 있게 무릎을 굽히는 정도로 충분하다. 춤과 같은 큰 동작을 의도적으로 이용해야 하는 경우에는, 발의 움직임 또한 격렬해질 수 있다. 마이클 잭슨을 추모하는 부분에서 '문 워크Moon Walk'를 보여 주는 식이다.

드디어 발표회

사회자가 필요하다

자, 이제 발표회다! 낭독할 사람 외에 사회자 한 명을 더 불러들여야 한다. 낭독의 두드림에서는 사회자 역할이 아주 중요하다. 사회자는 낭독자의 정보, 작품의 내용, 전체 순서지 등을 철저하게 분석하고 준비한다. 청중의 분위기를 이끌기 위해서다. 낭독자의 개성을 칭찬하거나 글의 소재를 미리 귀띔해서 청중의 호기심을 자극한다. 낭독하는 도중에는 중간중간 자유로운 감탄사를 던지며 청중의 호응을 유도한다. 감탄사의 종류가 정해진 건 아니지만, 힙합적인 느낌이 잘 어울린다. "아하!" "옙!" "오~!" 등 동감이 가는 내용에선 누구나 먼저 외칠 수 있다. 사회자는 중앙에 위치하고 낭독자가 나오면 퇴장한다.

등장과 퇴장에 음악을

낭독자가 등장하고 퇴장할 때 15~20초 정도 배경 음악이 필요하다. 낭독자의 개성에 맞춰 알맞은 곡을 선곡해 둔다. 소홀하면 안 된다. 음악 담당자를 따로 두거나, 사회자가 직접 DJ로 나설 수도 있다. 사회자가 DJ를 겸하려면 책상이나 악보대가 필요하다. 서 있는 자세에 알맞은 높이로 음악 조정 장치를 올려 두고 마이크를 설치한다. 위치는 무대의 한쪽이다. 배경 음악은 힙합 또는 여유로운 리듬의 재즈나 레게 같은 음악이 좋다. 사회자가 낭독자를 소개하고 음악이 흐르면 청중과 사회자는 음악에 맞춰 손을 흔든다. 낭독자는 3~5초 정도 기다린 다음 천천히 등장한다. 낭독자가 마이크 앞에 도착하면 5초 안에 소리를 완전히 줄여 정적을 유도한다. 음악 용어로 '페이드 아웃fade-out'이다. 낭독이 끝나는 동시에 바로 음악을 틀고 낭독자는 음악에 맞춰 퇴장한다. 다시 페이드 아웃으로 마무리하자. 사회자는 인상적인 내용이나 구절을 다시 읊으며 사라진 낭독자에 대한 여운을 유도한다.

조명은 하나로, 낭독자에게 집중

무대 장치는 간단하다. 낭독자를 향한 스포트라이트 하나만 있으면 충분하다. 스포트라이트가 없다면 무대를 색다르게 비추는 별도 조명을 이용한다. 되도록 형광등은 피하자. 차라리 촛불을 켜는 것이 낫다. 무대 연출에서는 조명이 가장 중요하다. 처음부터 신경 쓰자.

자막은 불필요

청중의 시선은 온전히 낭독자에게! 시선이 분산되는 만큼 인상은 흐려진다. 요새는 프로젝터 사용이 흔해서 무엇을 하든 컴퓨터 화면부터 띄우는 경우가 잦다. 배경 화면이라면 모르겠지만, 자막은 띄우지 말자. 청중이 낭독자를 안 보고 화면만 응시하면 큰일이다. 낭독자의 표정과 자세, 손짓, 목소리에 모든 걸 맡길 때 감동은 더한다.

퇴장은 거침없이

낭독이 끝나면 인사 없이 퇴장해도 좋다. 고개 숙여 인사하는 대신 관객을 향해 손을 들거나 손가락을 찌르며 화답하는 것도 멋있다. 살짝 강렬함이 있어야 한다. 등장부터 낭독하고 퇴장할 때까지 전반적으로 당찬 분위기를 이어 가야 한다. 인사를 하지 않는 것이 영 마음에 걸린다면, 짧은 목 인사 정도로 만족하자. 그래도 '감사합니다'라는 말은 하지 않도록.

시상 따윈 시시하다

스포큰워드를 즐기는 뉴욕의 클럽 '뉴요리칸 포엣Nuyorican Poets Cafe'을 방문했을 때, 그곳의 겨루기 방식은 토너먼트였다. 낭독이 끝날 때마다 무작위로 선출된 심사 위원이 칠판에 점수를 적었고, 살아남은 낭독자들은 매번 다른 작품을 선보였다. 그중 아랍계 낭독자의 얼굴은 경쟁에서 이길수록 초조함이 가득했다. 흥미로운 문화였지만 굳이 경쟁해야 하는지는 의문이었다. 내 경험상 겨루기는 불필요하다. 겨루기 없이도 팽팽한 긴장감은 느슨해지지 않는다. 겨루기 우승자의 상품 구매 비용으로 힙합 공연을 준비하는 편이 백배 낫다. 발표회와 힙합 공연이 함께 섞이면 훨씬 매력적이다. 스스로 발표하려는 낭독자가 줄을 서지 않는 이상 채점이나 시상은 없도록 하자. 자칫 흥행을 목적으로 하는 오디션 프로그램과 헷갈릴 수 있다. 오디션 열풍은 경쟁과 평가를 통해서만 자신의 존재를 확인하려는 시대의 자화상이다.

> 바보 같은 어른들 때문에 청춘들이 너무 불쌍합니다. 각종 오디션 프로그램이 난무하다 보니 이제는 개개인이 다 오디션을 받고 있는 거나 다름이 없어요. 세상이 다 오디션 중인 거죠. 이게 무슨 삶이고 인생입니까? 나한테도 오디션 프로그램의 심사를 해 달라는 제안이 왔는데 다 쫓아냈어요. 이제 세상이 갈수록 교활한 오디션을 합니다. 절대 현혹되지 말고 삶의 참뜻을 생각하며 '유아독존'적으로 살아가길 바랍니다.
>
> 김창완, <한겨레신문>, 2011년 9월 28일자 '청춘상담앱' 중에서

우리에겐 경쟁 대신 삶의 예술이 필요하다. 삶의 예술에서만큼은 남과 비교당하는 경쟁에서 해방되어야 한다. 낭독의 두드림, 그 안에는 비교당하지 않으려는 자신과 의지가 확연하지 않은가? 작품이 모두 훌륭하고 인상적이다. 모두가 주인공으로 완전하다. 시상 따윈 시시하다.

다섯.

랩으로
여행하기

음악은 여행의 안내자

지구별 여행자의 향항

낭만적 밤벌이를 찾아서

낭독의 두드림을 성공리에 마치고 나면
랩을 바라보는 안목이 달라진다.
랩은 힙합 음악에 실리고, 힙합은 모든 음악을 끌어들인다.
음악은 여러분을 여행으로 이끌어 줄 것이다.
친한 사람들과 어울려 유명한 장소에서 공동의 추억을
만드는 건 관광이고, 나만의 시선과 느낌을 만끽하는 건
여행이다.
여행은 장소에 큰 구애를 받지 않는다. 눈을 감고 찾아갈
정도로 익숙한 길목에서도 새로운 무엇을 발견할 수
있다면 삶은 그대로 여행이 된다. 대문 너머에서 들려오는
개 짖는 소리, 전봇대 가로등 아래 고양이.
사람들의 표정은 변덕스러운 날씨 같고, 내가 듣고 있는
음악은 시시각각 다르다. 음악을 듣고 음악을 찾아
움직이는 걸음마다 나의 여행길이 되었다.
대학 입시 공부에 찌든 고딩의 일상 속에서도….

홍대에서 신촌까지 '인디 로드'

수백 명의 인파가 한 교실에 와글거리는 허름한 단과 학원. 밤늦게 수업을 마치고 집으로 돌아오는 길은 걸어서 30분 남짓 걸렸다. 10곡 가까이 감상할 수 있는 시간이다. 학원 문을 나서기 전, 들어야 할 음악 테이프를 미리 챙겨 놓는 마음은 한껏 들떴다. 배낭을 둘러메고 이어폰을 귀에 꽂으면 잠깐 나만의 길이 펼쳐지는 거다.

캄캄한 밤 주황빛 가로등은 뮤직비디오 속의 조명 같았고, 주머니 속 오백 원짜리 비상금은 금화처럼 묵직했다. 시야에 아무도 없을 때를 틈타 연습해 두었던 춤을 춰 보기도 한다. 바지가 헐렁해야 제맛이다. 학교에서 논다는 친구들은 당시 나팔바지를 즐겨 입었지만, 난 별로였다. 늘어진 힙합 바지를 입어야 걸음걸이에 장단이 실리거든! 몸은 야위었어도 바지의 허리둘레는 풍성해야 했다. 옷장 안 바지의 허리둘레가 몽땅 32인치 이상이 되었을 때 난 스물한 살이었다. 그때 새로운 여행길이 열렸다.

1998년, 서울 홍대에서 신촌에 이르는 지역에는 인디 문화가 만발했다. 골목 구석구석 피어난 들꽃 같았다. 수십 개의 라이브 클럽은 관객 수 10명이면 북적여 보일 정도로 볼품없었지만, 대형 콘서트장에 비할 바 아니었다. 그곳은 이상과 현실 사이에서 방황하는 청춘들의 4차원 탈출구였다. 바로 코앞에서 연주하는 음악인들을 보면 이상하게도 늘 찡했다. 그래, 음악은 상품이 아니다. 음악을 만나기 위해 이곳에 왔다. 그가 왜 음악을 하게 되었고 어떤 기분으로 기타 줄을 튕기고 있는지, 굳이 말하지 않아도 알 수 있었다. 마구 헤드뱅잉을 하고 소리를 질러 주었다. 제발 멈추지 말아 달라고. 땅 위의 세상은 겉과 속이 달라서 구역질이 났으니까. 지하로의 여행은 아늑하고 행복했다.

언더그라운드 힙합의 성지 '클럽 마스터플랜(Club Masterplan, 서울 신촌의 지하 라이브 클럽. 언더그라운드 힙합의 시작과 발전이 이곳에서 집중적으로 이루어졌다. 1997년에 열어 2001년에 문을 닫았다.)'은 다른 클럽보다 조금 더 각별했다. 록과 힙합이 뒤섞인 내 음악 성향은 이곳에서 힙합으로 정제되었다. 균일한 드럼 박자와 마이크에 고백하는 래퍼들의 검은 독백. 래퍼는 악기를 연주하지 않고 노래도 부르지 않고 음악을 만들지 못해도 좋았다. 오직 '입'만 살아 있으면 된다. 연주 중심의 록과 비교하자면 여러모로 시시한데 원초적인 힘이 대단했다. 록은 정신없이 휩쓸리지만, 힙합은 안정적으로 휩쓸린다. 헤드뱅잉과 끄덕임의 차이다.

 무엇보다 공연이 끝나면 곧바로 이어지는 '프리스타일' 시간은 힙합만의 독보적인 문화였다. 누구나 용기를 내면 잡아 볼 수 있는 마이크! 래퍼를 꿈꾸는 이들의 심장은 쿵쾅거렸을 거다. 굳은 각오를 한 듯 무대 위로 올라온 한 소년이 기억난다. 머리 꼭대기에는 흑인 래퍼 스타일의 스타킹 두건을 과감히 뒤집어썼지만, 얼굴에는 잔뜩 긴장한 기색이 역력했다.

마이크를 건네받자 퉁명스러운 랩이 튀어나온다. '어, 은근 폼 나는데…'라고 생각하는 찰나, 짧은 욕설이 툭툭 섞여 나오더니 갈수록 내용은 없고 욕설만 어지럽다. 거친 말로 언어의 고갈을 모면해 보려는 심산이다. 그러자 평범한 차림의 십 대 소녀가 성큼 올라와 마이크를 움켜잡았다. 충동에 의한 것인지 그날만큼은 랩을 해 보기로 작정을 한 것인지는 모르겠으나, 눈빛과 자세가 사뭇 의연했다.

　　욕만 늘어놓는다고 래퍼처럼 보일 줄 아나? 착각, 무슨 이야기를 꺼낼지 몰라 망설이는 망각

오오~! 자연스럽게 터지는 사람들의 환호성, 서툴지만 확실히 귀에 꽂히는 랩. 스타킹 두건을 눌러 쓴 소년은 기가 꺾여 울상이었다. 힙합 무대를 구경하고 집으로 돌아오는 길엔 나 역시 발걸음에 맞춰 즉흥 랩을 연습하곤 했다. 때가 되어 군 복무를 마치고 일상으로 돌아온 2001년, 클럽 마스터플랜은 전성기를 맞아 지하에서 1층 계단까지 북적였지만 그해 겨울 문을 닫았다.

거리 공연, 마이크를 잡은 여행자

꿈의 민간인으로 돌아와서는 서둘러 컴퓨터 음악을 배우고 가사를 써 내려 갔다. 달랑 세 곡 완성하고는 나도 래퍼라며 득의양양했던 뿌듯함. 지금 떠올리면 피식 웃음이 나온다. 원래 욕심은 클럽 마스터플랜의 정식 공연진이 되는 것이었다. 오디션을 봤으면 아마 떨어졌을 텐데 내 수준 파악이 잘 안 됐다. 어쩌면 다행이었는지도… 좌절의 쓴맛을 보기

전에 클럽이 사라졌으니. 하하. 시작부터 너무 큰 충격을 받으면 좋지 않다. 기왕지사 랩도 썼으니 처음부터 거리로 나가 보는 거야! 호기를 부려 보았다.

단상 없는 평평한 바닥에서 우연히 만난 사람들과 눈높이를 맞추는 공연. 힙합은 본래 거리에서 탄생한 것이니 나도 거리에서 시작해 보자는 생각이 들었다. 타고난 기질이 거리 문화에 잘 맞았다. 2002년, 서울 명동 한복판에서 진행한 '아무것도 사지 않는 날(Buy Nothing Day, 지구를 망가뜨리는 폭발적 소비에 경각심을 일으키고자 하루 동안 소비를 멈춰보자는 상징적인 날이다. 1992년 9월 멕시코에서 처음 조직되었고, 현재 65개국 넘는 나라로 캠페인이 전파되었다.)'

캠페인은 대단했다. 환경 단체 '녹색연합'의 거리 캠페인에 래퍼가 끼어든 것이다. 혼자서는 부족해 인터넷에서 만난 힙합 가족 '천군단'을 우르르 데리고 나갔다. 사람들은 발 디딜 틈 없이 몰려들었고, 사기가 충만해진 래퍼들은 평소 이상의 기량을 마음껏 뽐냈다. 환경 캠페인에 힙합 공연이라니? 반신반의하던 녹색연합 활동가들도 걱정을 훌훌 털어버리고는 두 손 들어 환호했다.

이를 계기로 내 관심사는 '거리 캠페인과 힙합의 만남'이 되었다. 혼자는 외로워 팀을 꾸렸다. 군 복무 시절 교회에서 드럼을 연주하며 랩을 중얼거렸던 '웅술', 인터넷에서 만난 '차이대희'를 끌어들였다. 차이대희는 그냥 음악이 좋아서 컴퓨터 음악에 몰두하는 직장인이었다. 그는 랩 음악에 진지한 흥미를 보였고, 래퍼를 위해 기꺼이 음악을 만들어 주었다.

웅술과 내 공책에는 불이 붙었다. 우리는 전쟁을 반대하는 시민 운동가들의 거리 퍼포먼스에 끼어들었다. 랩으로 전쟁을 반대하니 우와, 우리도 스스로 멋있어 보였다. 겉멋이 잔뜩 들었지만, 시민 운동가들에게서 한 수 배우며 공부도 많이 했던 때다. 겉멋 든 래퍼들은 금방 소문이 났다. 한 주에 한 번 이상은 공연을 해 달라고 부탁하는 전화가 꼭 걸려 왔다. 그중 하나가 서울 대학로 마로니에 공원에 와 달라는 요청이었다. 마로니에 공원은 인디 문화에 빠지기 직전 한동안 춤을 배우러 다닌 곳이라 설레었다.

공원에서 춤을 배우고 추던 1997년, 나는 춤꾼 중에서 고령자에 속했다. 어느덧 7년이 흘렀고 그 많던 춤꾼은 어디론가 뿔뿔이 흩어졌다. 공연을 마치고 희미해진 추억을 벗어나려는 찰나, 모자를 눌러 쓴 한 청년이 말을 걸어왔다. 지나다 우연히 랩을 들었는데 인상적이란다. 이곳에서 춤꾼과 래퍼들의 자발적인 거리 공연이 펼쳐진다며 토요일에 한번 와 보라 한다. 오예, 호박이 넝쿨째 들어온 기분! 우리야 마다할 리 없지만 그의 목소리가 워낙 차분하고 진지해서 무언가 조심스럽긴 했다. 자신은 오래전부터 거리의 춤꾼이었고, 거리 문화에 애착이 깊다고 설명하는데… 어라, 그때 나랑 같이 있었나? 말을 주거니 받거니 확인해 본다. 등등. 내가 스무 살이었을 때, 열여섯 살이었던 현수다! 반가워! 춤꾼 현수의 덕택으로 우리는 힙합 고수 사이에 끼어 매주 토요일 공연을 했다. 아마도 한국에 그런 거리 공연은 없었을 테다. 해가 저물면 은은한 가로등 하나를 조명 삼고, 가을이면 붉은 벽돌 위 노란 은행나무

잎을 배경 삼았다.

영하 10도 날씨에도 꽁꽁 언 마이크를 놓지 않았다. 얼어붙은 손가락이 아파 옷소매를 둘러 마이크를 잡았지만, 두 시간 동안 자리를 뜨지 않는 거리의 관객들이 더 대단했다. 대학로 거리 공연인들은 토요일마다 부지런히 스피커를 나르고 밥을 거르기 일쑤였다. 배는 곯았지만 실력파 래퍼들의 공연은 끊이질 않았다. 워낙 좋은 무대였기 때문이다. 실력에 자신이 없던 나는 늘 긴장했고, 또 그만큼 음악적으로 성장했다.

그렇게 원 없이 거리를 무대 삼아 랩을 외쳤던 8년(2002~2009년)이라는 시간과 400회에 가까운 공연들. 시간의 흐름마다 풍경은 새로웠다. 멋쩍게 인사를 건네는 얼굴도 항상 반가웠다. 서울 토박이인 나에게 서울은 부족할 것 없는 여행지였다. 거리 공연을 응원했던 수많은 이처럼… 삶은 여행이니까.

랩으로 무전여행

흠뻑 빠져 있던 대학로 거리 공연과도 이별할 날이 왔다. 나이 서른을 넘기며 완전히 다른 삶으로 전환해 보고 싶었다. 서울을 뜨는 거다. 서울 사랑 콩깍지가 슬슬 벗겨지기 시작했다. 내 주변에는 이미 귀농 학교에 다니고, 농사에 전념하는 친구도 여럿 있었다. 어디로 가야 할지 감은 오지 않았지만, 대도시를 벗어난 삶이 자꾸만 그리웠다. 한 번도 그렇게 살아 본 적이 없는데 그립다니 이상한 일이다.

한번은 방송에서 상추 농사를 짓는 힙합 음악가가 출연해 나를 자극

했다. 농사짓는 철학가 윤구병 선생님의 누더기 복장도 내 눈에는 완전 힙합 같았다. 거부할 수 없는 삶의 분기점에서 나는 결혼과 아름다운가게 퇴직 그리고 세계 여행을 동시에 기획했다. 서른두 살의 특집호랄까?

별책 부록으로는 5월의 전국 순회공연을 계획했다. 공연 장소는 전국의 인문학 책방. 빼곡히 꽂힌 책이 있는 그대로 멋스러운 소품이자 소리의 울림을 흡수하는 방음벽이 된다. 무엇보다 래퍼의 이야기와 책이 잘 어울릴 것 같았다. 좋아, 준비됐어! 기획부터 장소 섭외, 공연, 후기까지 모두 나 혼자 달려 보는 거였다. 공연 제목은 '동네 책방, 래퍼를 만나다'.

서울에서 부산까지, 일단 열 곳을 선정해 보았다. 헌책방이든 북 카페든 상관없었다. 기준은 책방에 진열된 책의 인문학적 다양성 그리고 책방지기의 열린 태도다. 막상 전화하려니 꼴깍 침이 말랐다.

"제가, 그러니까… 래퍼인데요. 책방에서 한 시간 정도 공연을 해 보고 싶은데 어떠신지요. 전자 우편으로 내용 보내겠습니다. 답장 주세요."

뚱딴지 같지만 일일이 이러는 거였다. 랩을 들어 본 적이 없어 난처해 하는 분들도 있었는데 거절은 없었다. 나 좋다고 하는 공연이라 동전 한 푼 받지 않기로 했으니 책방의 부담은 가뿐했으리라. 탄탄한 인맥으로 쓸 만한 음향 기기를 빌려 오고 서둘러 홍보를 하면 임무 끝. 그래도 우리나라 사람들의 인정이 어디 가나, 서울에서 멀리 떠날수록 돌아올 때의 가방은 든든했다. 마치 무전여행을 떠난 기분이었다.

충남 홍성의 '느티나무 헌책방'에서는 잡곡이며 채소까지, 유기농 먹을거리를 배낭 안에 꾹꾹 눌러 넣어 주었다. 책방 주인장께서 기차역까지 배웅을 나와 손까지 흔들어 주는데, 왠지 짠했다. 인천 헌책방 거리에 있는 '아벨서점'도 기억에 남는다. 햇살 드는 다락방처럼 아늑한 2층에서 마지막 곡을 끝냈을 때 친구 한 명이 먼 거리를 달려와 꽃다발까지 안겨 주었지. 책방 순회공연을 떠나지 않았다면 영영 모를 뻔했다. 빈 지갑으로 방랑하는 나그네의 심정 같은 것 말이다.

지구별 여행자의 힙합

별책 부록을 마감하고, 특집호로 뛰어들 차례가 왔다. 결혼식 다음 날

막 바로 아내와 함께 런던행 비행기에 올라탔다. 돌아오는 티켓은 없었다. 여행 전문가들에게서 이런저런 조언과 경험담을 하도 많이 듣다 보니, 이미 여행 책 한 권은 써 놓은 듯했다. 그중에서 '팔레스타인 올리브 추수 캠프'와 '세계 에스페란토 대회'에는 꼭 다녀오기로 다짐을 해 둔 참이었다. '국제워크캠프'에도 두 번 참가하기로 했다.

여행에는 크게 세 가지 주제가 있었다. 하나, 현지의 약자들과 환경에 도움이 되는 공정 여행의 원칙. 둘, 영어 대신 평등한 공용어 에스페란토 Esperanto를 사용하며 친교를 나누는 세계의 우정. 셋, 자원 활동을 통해 외국의 문화를 직접 맞닥뜨리는 경험. 평소에 관심을 둔 것들이다.
이스라엘과 팔레스타인의 분쟁은 여전히 국제 뉴스를 얼룩지게 한다. 이스라엘은 팔레스타인 땅을 빼앗은 것도 부족해 이들의 올리브 농사를 망치고 있다. 특히 올리브 수확기에 횡포는 더 심하다. 팔레스타인의 주요 수출품이 올리브이기 때문이다.
팔레스타인에서는 이에 맞서 국제 농촌 활동을 생각해 냈다. 바로 '팔레스타인 올리브 추수 캠프'다. 외국인들이 몰려와 팔레스타인 농부를 도우며 올리브를 추수하는 거다. 십 대부터 어르신까지 누구나 참여할 수 있고, 한 번 왔던 사람들은 매년 휴가를 내서 다시 찾아온다. 보는 눈이 많으니 갖은 횡포는 확 움츠러든다. 이스라엘의 잘잘못을 따지는 용감한 이스라엘인도 있다. 그들은 캠프에 직접 참여하지는 않았지만 이스라엘 정부의 최근 움직임을 일일이 설명해 주었다.
캠프에 참여하면서 '이스라엘의 래퍼들은 무슨 생각을 하고 있을까?'라

는 의문이 들었다. 팔레스타인 힙합은 이미 탄력을 받았다. 인터넷 검색을 하면 팔레스타인 래퍼들이 수두룩하다. 이스라엘의 탄압도 보수적인 기성세대의 잔소리도 지긋지긋한 팔레스타인의 젊은이들. 돌파구는 힙합으로 통했다. 이런 팔레스타인 래퍼들에게 딴지를 거는 이스라엘 래퍼가 있다면 정신이 나간 거다. 나서서 이스라엘의 횡포를 막지는 못할망정!

캠프 마지막 날 나에게도 잠깐 마이크가 허락되었다. 영광이다. 랩을 마치고 한참이나 호흡을 가다듬어야 했다. 팔레스타인을 위해 만든 곡 〈팔레스타인 소년의 편지〉를 이곳에서 부르게 되다니, 가슴이 벅찼다. 평화 운동가 한 분이 뒤늦게 베들레헴에 사는 래퍼와의 만남을 주선하려 했지만, 아쉽게도 성사되지는 못했다. 언제인지 모를 다음을 기약할 수밖에.

Peace….

어느 누구라도 쉽게 얘기할 순 없겠지
내게 다가와서 몰래 말을 들어 볼래
그래, 당신은 약속했어 올리브의 평화로
이 세상 모든 것이 바싹 부서진다 해도
내일을 꿈꾸기엔 늦지 않을 거야, 팔레스타인

박하재홍 〈팔레스타인 소년의 편지〉 중에서

침울하게도 세계의 분쟁은 끝이 보이질 않는다. 다만 끝을 내리려는 사람들의 사랑스러운 노력이 희망을 붙들게 한다. 백 년 전, 에스페란토를 만들었던 '자멘호프Zamenhof'도 그중 한 명이다. 어린 자멘호프는 생각했다. '인류는 왜 폭력을 멈추지 않을까? 서로 말이 잘 통한다면 대화로 해결할 수 있을 텐데. 영어나 스페인어 같은 강대국의 말은 불공평하다. 누구나 쉽게 배울 수 있는 새로운 언어가 필요해.'

그는 놀랍게도 살아 있는 언어 에스페란토를 만들었다. 기본 문법은 일주일 만에 끝나고, 한 달만 머리 싸매고 단어를 외우면 일상적인 대화가 가능하다. 에스페란토는 대안적인 세계 공용어로 세계인들의 환심을 샀다. 에스페란토를 할 줄 아는 사람들은 '에스페란티스토Esperantisto'라 불리며 서로의 여행을 도왔다.

세계 에스페란토 대회
전 세계의 에스페란토 사용자들이 한 자리에 모이는 연중행사. 2009년 폴란드에서 열린 대회에는 60여 개국에서 1,860명의 인원이 참가했다. 매년 다른 도시를 선정해 행사를 준비하며, 1994년에는 서울에서 개최된 바 있다.

국제워크캠프
19세 이상의 다국적 청년들이 10명 내외로 한 팀을 이루어 현지의 일손을 돕는 자원 활동 캠프. 전 세계 70개국에 다양한 캠프 프로그램이 있다.

세계 에스페란토 대회 동안 라이브 공연이 펼쳐지던 클럽의 입구. 에스페란토로 안내문이 쓰여 있다.

프랑스 파리의 에스페란티스토에게 이틀 밤 신세를 지기로 한 날, 그는 집 열쇠를 현관 발판 아래에 숨겨 두었노라 미리 일러 주었다. 얼굴 한 번 본 적 없는 사이인데, 믿기지 않았지만 열쇠는 정확히 그 자리에 있었다. 단콘Dankon(고맙습니다).

호주의 어학원에서 영어 강사로 일하고 있는 한 에스페란티스토는 내가 에스페란토 단어를 죄다 까먹어 영어로 대화하는 걸 탐탁지 않아 했다. "영어보단 에스페란토가 즐거운 언어야." 그는 웃으며 말했다. 간혹, 에스페란토를 아직도 사용하는 사람이 있냐며 깜짝 놀라 묻는 사람이 있다. 물론이다. 에스페란토는 여전히 팔팔하다.

세계에서 활동하고 있는 에스페란토 래퍼들이 그 증거다. 언어의 힘이 확실하지 않았다면 힙합을 받아들이지 못했을 것이다. 폴란드에서 열린 '2009 세계 에스페란토 대회'에서도 래퍼들의 공연은 단연 돋보였다. 젊은이들은 에스페란토 힙합의 후렴구를 목청껏 따라 부르며, 알 수 없는 내일을 마음껏 긍정했다. 2012년 2월 23일, 에스페란토는 구글 번역기의 64번째 언어로 채택되었다.

에스페란토가 국제워크캠프에서 조차 유용하게 쓰인 건 아니다. 에스페란토를 공동 언어로 권장하는 캠프는 아직 없다. 뭐, 중학교 2학년 영어 실력 정도면 캠프에선 쓸 만하니까. 비영어권에서 온 청년이 대부분이라 발음은 제각각이고 대화 문장도 대략 짧다. 나이스!

국제워크캠프는 자원 활동에 지원한 다국적 젊은이들이 한 집에 모여 공동생활을 한다. 짧게는 1주일에서 길게는 3주 동안 청소에서 식사까지 알아서 당번을 정한다. 자원 활동까지 더 하려면 몸이 피곤한데 껄끄러운 마찰이 생길 수도 있다. 개인의 성향과 문화가 각기 다르니 미묘한 갈등이 일어날 수밖에. 일본 친구들이 있으면 한결 편했다. 누구보다 깨끗이 청소하고 궂은일에도 솔선수범했다. 영어 발음도 한국과 비슷해 대화를 나누기에 부담이 없었다. 미우나 고우나 여행에서 가장 친해지기 쉬운 이들이 일본인이었다.

캠프에는 대부분 스무 살 안팎의 청년들이 지원한다. 그게 상식이다. 서른 살을 넘은 우리는 상식 밖의 참가자랄까, 내 나이를 알고는 다들 깜짝 놀랐다. 쩝, 더 늙기 전에 꼭 참여해 보려고 무리했다. 특히 멕시코의 '거북이 캠프'는 일찍 마감되는 터라 서둘러 신청서를 넣어 두었다. 여러 캠프 중 가장 인기가 높다.

야생의 바다거북이 영차영차 알을 낳고 떠나면 그 알을 모아 새끼 거북이로 부화시키고, 안전하게 바다까지 마중하는 일이다. 사람 때문에 멸종 위기에 몰렸으니 사람이 또 이렇게 수고를 한다.

깜깜한 새벽, 어미 거북이 엉금엉금 해변으로 올라온다. 자신이 태어난 해변을 기억하고 돌아온 것이다. 좋은 자리를 골라 손바닥만 한 뒷발로 모래를 파기 시작한다. 둥지를 완성하는 데 30분 정도 걸렸던가? 팔꿈치까지 푹 들어갈 깊이다. 둥지 안에 100개의 알을 낳고 떠나가는 거북의 뒷모습. 알에서 갓 태어난 새끼 거북의 연약한 등껍질과 작은 몸.

조금의 망설임도 없이 어찌 그리 거센 파도 속으로 향하는지. 밀물에 밀려 나둥그러지기를 여러 차례. 짙은 바닷속으로 완전히 사라질 때까지 캠프 참가자들은 발을 떼지 못한다.

굿바이. 꼭 살아남기를….

우리는 거북이 캠프를 기념하여 즉흥 랩으로 영상을 남겼다. 내가 비트박스를 하고 리듬을 잘 타는 멕시코 청년 제시카가 랩을 했다. 뒤에선 다른 친구들이 맘대로 율동을 선보이느라 정신이 없다. 한바탕 웃음 잔치를 치르고 나니 들쑥날쑥한 나이는 모두 잊었다. 랩 덕분에 세대 차이는 무난히 극복한 셈이다.

거의 모든 도시에서 힙합은 단연 눈에 띈다. 골목을 수놓은 각양각색 그라피티, 거리에서 춤을 연습하는 댄서와 언더그라운드의 래퍼들. 일단 큰 도시에 도착하면 전봇대에 붙어 있는 공연 포스터를 주시해야 한다. 숨어 있는 라이브 클럽은 물론이고 입장료 없는 음악 축제 같은

걸 발견할 수도 있다. 체코의 수도 프라하 변두리 지하에 있는 래퍼의 아지트도 그렇게 찾아냈다.

매주 월요일 밤 프리스타일 공연이 열리는 곳이다. 래퍼들은 앞서 무대 신청을 해 두고, 사회자는 명단의 이름을 한 명씩 호명한다. 래퍼에게 주어진 시간은 주제당 1분. 주제는 무한정으로 바뀐다.

친절한 사회자는 내게도 참여를 권했다. 순간 얼음. 땡. 아찔한데 기꺼이 응했다. 경쟁이 없는 자유 무대니까, 한국어 랩을 들려줘도 괜찮을 성싶었다. 너무 긴장해서 엉망이 되었지만 사람들은 크게 환호해 주었다. 다시 프라하를 방문하게 된다면 더 잘해 봐야지.

벼르고 벼르던 클럽 뉴요리칸을 찾았다. 미국 뉴욕의 한적한 골목을 홀로 헤매다 도착한 입구. 난생처음 포이트리 슬램의 현장을 똑똑히 지켜볼 수 있다는 기대감에 희열이 밀려왔다. 도통 무슨 말을 하는지 몰라 답답하긴 했지만 백문이 불여일견. 인터넷 영상 백 개를 보는 것보다 실제로 한 번 보는 게 큰 도움이 되었다. 3분이 훌쩍 넘는 원고를 몽땅 암기해 온몸으로 경쟁하는 발표자들의 의기가 아직도 생생하다.

뉴욕의 낡은 지하철역에선 드럼 연주에 맞춰 신나게 쏟아지고 있는 래핑Rapping에 귀가 곤두섰다. 소리의 시작점을 서둘러 찾아가자 큰 동작으로 랩을 즐기는 키 큰 흑인 래퍼와 새침한 얼굴의 키 작은 드럼 연주자가 승강장 가운데에 있다. 인적이 드문 썰렁한 승강장은 그들의 연습실이었다. 드러머의 한마디가 내 귀에 꽂혔다.

"사람들은 모두 아프리카에서 왔어요!"

난 웃으며 속으로 맞장구를 쳤다.

'맞아요, 내가 좋아하는 음악도 아프리카에서 왔죠. 여기는 흑인들의 동네 할렘Harlem. 얼마나 보고 싶었는지 몰라요. 이제는 힙합이 아프리카를 위로할 차례겠죠. 제 여행 배낭 속에는 츠와나어(Setswana, 보츠와나 공화국에서 공용어로 사용하는 아프리카 고유어. 남아프리카 공화국에도 츠와나어를 사용하는 인구가 360만 명에 이른다.)로 멋진 랩을 구사하는 남아공 래퍼의 두툼한 음반이 있거든요. 힙합은 사랑. One Love.'

뉴욕의 할렘은 아프리카의 정서가 묘하게 섞여 거리 풍경이 독특했다. 마이클 잭슨도 거쳐 갔다는 아폴로 극장과 지역 미술관도 유명하다. 하지만 관광객은 매우 드물었다. 위험 지대로 분류되기 때문이다. 관광용 이층 버스 위에서 내려다보는 관광객은 이렇게 말했다. "여기가 그 유명한 할렘이군. 강도 만나기 십상이래."

횡단보도 신호 대기 중에 사진이나 몇 장 찍고 말았다. 여행자는 범죄에 노출되기 쉬우니 조심해야 한다지만, 어두워지기 전 대로변에서 봉변을 당할 가능성은 거의 없다.

멕시코 수도 멕시코시티 또한 들려오는 이야기로는 무척 살벌했다. 밤늦게 혼자 툴툴 걸어 다녀도 별 위험을 감지할 수 없었건만. 곳곳에 깔린 게 사람이고 경찰. 멕시코시티는 범죄의 천국이 아니라 문화와 예술의 낙원 같은 곳이었다. 직접 가 보면 안다. 필요 이상으로 지레 겁먹지는 말자. 꽁꽁 얼어붙어 다니면 친절한 사람을 만나도 '무슨 꼼수를 부리나' 이런 의심부터 든다. 밤낮 위험한 지역이라느니 게을러서 가난하다니니 국민성이 시끄러운 민족이라는 둥, 이렇게 짙은 색안경을 쓰고 있으면 주야장천 같은 색만 보인다.

인터넷 동호회나 국제 여행자 클럽을 통해 현지 사람들과 미리 연락을 주고받는 것도 좋은 방법이다. 나는 '뿌리와 새싹'이라는 국제 환경모임의 한국 사무국 일을 잠시 도왔던 경험을 내세워, 케냐의 뿌리와 새싹에 슬쩍 인사를 건네 보았다. 답신은 놀라웠다. 청년 활동가 레너스가 공항까지 친히 마중을 나오겠다는 것!

그와 함께 수도 나이로비를 마음껏 돌아다닐 수 있었다. 일반 관광객은 치안 문제 때문에 엄두도 낼 수 없는 도시 구석구석까지. 레너스는 가난한 집안 살림에도 열정적인 환경 운동가다. SNS를 통해 매일 그의 소식을 접한다. 학비가 부족해 학교를 그만둘 상황이라는 연락을 받았을 때, 나는 흔쾌히 후원금을 보냈다. 한 달만 허리띠를 졸라매면 아낄 수 있는 돈이었다. 케냐를 변화시키는 한 사람에게 이 정도 도움도 못 주랴.

2012년에는 마음을 조금 더 넓혔다. 아프리카 모잠비크의 어린이 후원 신청을 했다. 매달 3만 원이다. 큰돈은 아니지만 몇 번이나 망설였는지 모른다. 아참! 편지를 보내야 하는데 자꾸 까먹네. 내일은 꼭 보내야지. '아프리카는 인류의 고향이야. 그리고 우리에게 대중음악을 선물했어. 난 그 음악으로 행복해. 넌 진짜 아프리카의 멋진 아이. 언젠가 모잠비크에 갈게.'

여행은 소비가 아니라 관계다. 힙합처럼.

낭만적 밥벌이를 찾아서

열여섯 달 동안의 세계 여행에 아쉬운 마침표를 찍고, 아내와 나는 새로운 삶의 터전으로 제주를 택했다. 특별히 제주에 대한 환상이 있는 건 아니었다. 제주에서 사회적 기업을 준비하고 있는 지인의 일을 옆에서 거들다가 덜컥 결정했다. 한라산 동쪽 시골 마을에 집을 구했고, 배낭 여행객처럼 짐을 꾸려 일단 들어왔다.

2010년 12월 23일. 바로 어려움이 닥쳤다. 상상 속의 제주답지 않게 너무 추운 거다. 눈이 펑펑 내리는 건 좋았지만, 도시가스가 없으니 난방 비용은 가히 공포였다. 대도시에서 제주로 이주한 사람들에겐 에너지 절감이 고문이다. 방 한 칸 15도만 유지하려고 해도 기름 타는 소리에 마음이 졸아든다. 제주의 집은 단열이 약해서 더 그렇다. 손발이 꽁꽁 얼어 겨우겨우 겨울을 지내고, 두 번째 맞은 겨울에는 살뜰하게 월동 준비를 해 두었다. 장작을 구하고 난로를 들여놓았다. 무섭도록 타들어 가는 장작을 보고 있으면 에너지 위기가 실감 난다.

겨울이 지나니, 마음이 푹 놓인다. 여름은 걱정 없다. 우리 마을은 모기도 드물고 무척 선선해서 선풍기가 한가할 정도다. 다들 지붕이 낮아 눈도 시원시원하다. 밥벌이만 해결되면 한결 나을 텐데! 원래는 농사와 관련한 일을 하면서, '낭독의 두드림' 수업을 하고 싶었다. 그러나 무게가 한쪽으로 기울어 버렸다. 낭독의 두드림 발표회를 하면 할수록 놀라운 가능성이 보였기 때문이다.

더 집중해 보고 싶다. 시골 구석구석 남녀노소, 하고 싶은 말을 당차게 풀어낼 수 있도록. 농사와 살림에 지친 아낙이 장단에 맞춰 썰을 풀어내면 한바탕 환호할 수 있도록 말이다. 힙합으로 만든 '열린 마당극'이라고나 할까. 여기저기 설렁설렁 친분을 쌓다 보면 먹을거리를 걱정할 필요가 없다. 지금도 이웃에서 건네는 당근이니 무와 감자가 끊이질 않는다. 아마 분에 넘치게 받아서 아는 사람들에게 나눠 줘야 할지도 모르겠다. 김칫국부터 마셔도 '조아마씸. 장담하쿠다(제주도 말로 '좋습니다. 장담하지요'란 뜻).'

랩은 계속한다. 나에게 랩은 직업이 아니라 그냥 '밥'이다. 안 먹으면 배고프다. 혼자 먹기 적적할 때도 있는데, 그럴 때면 라이브 클럽 '낮과밤'에 마실 나간다. 제주 인디 음악가들의 공연이 매주 펼쳐지는 시내의 라이브 클럽이다. 랩을 밥 삼는 래퍼들도 이곳에 넉넉한 밥상을 차려 놓는다. 밥상 이름은 이렇다.

제.주.힙.합.

'잘난 사람은 서울에 가야지.' 하는 풍토가 제주 힙합에는 없다. 가든지 말든지 자기 맘이지만, 제주 힙합이 소중하다. 힙합은 문화이기 때문이다. 음반과 뮤직비디오, 콘서트만으론 힙합을 이해할 수 없다. 코앞에서 가까이 보고 듣고 또 거들어야 한다. 백날 오디션 프로그램만 보고 있어 봐야 텔레비전에 광고만 많아진다.

지역마다 인디 클럽이 생기고, 언더그라운드 힙합이 자생해야 비로소 문화다운 문화다. 그 안에서 개성 있는 음악이 수시로 빚어질 때, 밥상 전체는 골고루 보기 좋아진다. 대중문화에도 지역의 반찬들이 좀 있어야 하지 않겠는가. 제주 고사리처럼 씹으면 씹을수록 입맛이 도는.

눈치챘겠지만 내 직업은 불분명하다. 정체불명의 힙합 수업을 만들어 스스로 강사라 칭하고, 가끔은 멀리 공연도 다닌다. 지금은 책을 쓰고 있다. 좋아하는 걸 붙잡다 보니 이리저리 섞이고 화학 반응까지 일으켰다. 나도 이런 결과가 될 줄은 전혀 몰랐다. 어렸을 적 꿈은커녕, 이십 대 중반까지도 직업은 '구속'이라 생각했다. 늘 변하는 과정에 있었기 때문이다.

서른이 넘어서야 내 적성과 능력을 서서히 파악해 보았다. 생각해 보니 할 수 있는 일이 많았다. 붓글씨로 그라피티를 표현해 볼 계획이고, 친한 친구가 제주에 내려오면 같이 '여행자 민박'도 꾸려 볼 생각이다. 전 세계 채식주의자와 에스페란토 사용자를 위한 소규모 민박. 맘에 든다면 나보다 먼저 만들어도 괜찮다. 공공의 특허다. 좋은 일은 서로 나눈다.

DJ 쿨 헉이 음악을 들려주었듯이. 나 같은 사람을 거창하게 부르면 프리랜서라고 해야 하나. 자유롭게 일하는 사람 말이다. 돈벌이가 시원치 않더라도 어째 폼은 난다. 으쓱. 어떤 이는 나를 막 부러워하기도 하더라. 낭만적 밥벌이를 찾았다면서. 사실 그렇게 부러워할 일은 아니다. 적성에 딱 맞는 일이지만, 만만치 않다. 혼자서 할 일이 많다. 그래도 하다 보면 힘이 날 거라 믿는다.

난 힙합이니까!

나오며

힙합은
밥이다

원고 쓰기를 마치고 막바지 검토를 하는 동안 한 방송사의 랩 경연 프로그램이 매주 화제에 올랐다. 경연에 참여하려고 순서를 기다리는 사람들이 끝없이 늘어서 있는 모습을 보면서 깜짝 놀랐다. 래퍼가 저렇게 많구나!

본선 대회에 진출해 방송 출연을 할 수 있는 확률은 바늘구멍에 낙타 들어가기보다 어렵다. 당장에 운이 따르지 않아 낙방한 이들도 많을 것이다.

하지만 방송을 타 유명해진 래퍼나 예선에서 탈락한 래퍼나, 자신의 무대를 스스로 찾아 만들고 끊임없이 자신을 변화시켜야 한다는 점은 모두 마찬가지다. 얘기하고 싶은 게 뚜렷하지만 생각의 유연함이 돋보일 때 랩은 매력적이다.

보통 무언가에 빠져들기 시작하면 누가 잘하고 못하는지를 평가하는 것에서 큰 재미를 느낀다. 보는 눈 듣는 귀가 열리기 때문이다. 더 나아가면 생각과 마음도 활짝 열린다.

최고로 잘 나가는 인기 가수라 할지라도 내 마음을 움직이지 못하면 아무런 소용이 없다. 세상 사람들이 잘 알지 못하는 무대라 하더라도 그 음악가의 소리가 내 마음을 움직인다면 그는 최고의 예술가다. 삶과 이상을 조화롭게 증명하는 모든 노력이 예술이다.

노력하다 배가 고플 땐 영양가 높은 힙합을 들어 보자. 무작정 왕창 듣기보다 한 곡 한 곡 꼭꼭 씹어서. 힙합은 내 삶의 밥이고 소중한 생명수다.

우리들의 랩 1318 낭독의 두드림

'낭독의 두드림' 수업에서 완성된 작품 가운데
청소년의 고민과 개성이 돋보이는 15편을 골랐다.
문장만으로는 글솜씨의 차이가 있지만 마이크를 잡으면 동등해졌다.
글을 읽으면 이들의 말투와 표정이 생생히 기억난다.
사람들 앞에서 발표하는 건 한사코 거절했다가
다른 친구들의 당당한 모습에 눈과 귀가 번쩍여
마음을 바꾼 이도 있었다.
"저 그냥 할게요."
허겁지겁 발표 순서를 바꾸느라 당황했지만
놀라운 반전에 쾌재를 불렀다.
"좋았어, 모두가 우리 목소릴 기다리고 있잖아.
조금도 망설일 필요 없다고!"

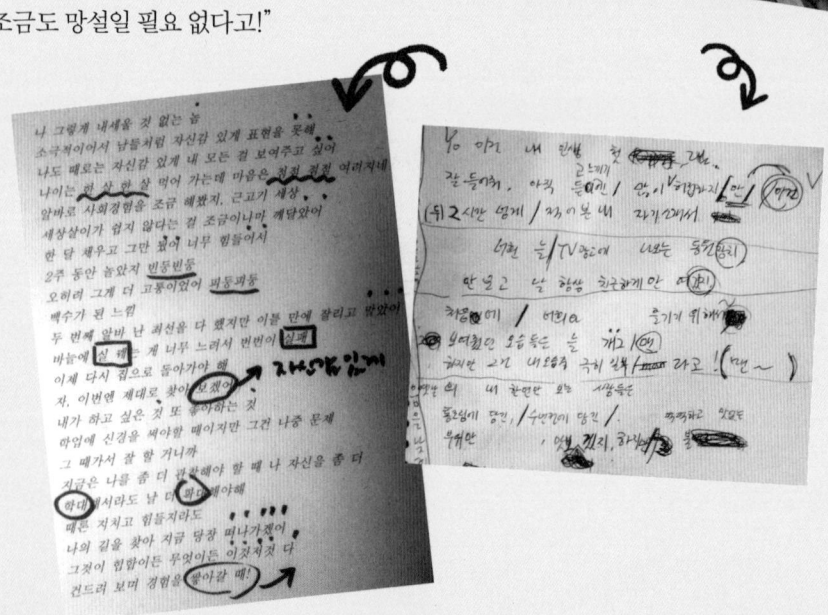

바람아 나의 바람을 들어줘

이번 중간고사 일주일쯤 전이었겠지 난 어김없이 시험을 위해 공부를 했지
블링블링한 문제집을 풀며 나의 실력을 쌓아 갔어 난 자신이 생겼어
부모님은 "잘 보아라" 말씀하셨지 나도 시험을 잘 보기 위해 많은 노력을 했지
이번만큼은 내 성적이 오를 거라고 난 믿었어
그렇게 일주일이 지나고 드디어 첫날이 다가왔어
긴장되는 순간 나는 펜을 꺼내 들어 시험지란 종이 위에 그간의 노력을 쏟아
난 그저 그런 듯하게 첫날의 시험을 모두 마쳤어
(하지만 밥은 내 목구멍에 살림을 차렸어!)
불안감과 기대감의 절묘한 조화 속에 나는 조심스럽게 채점을 했어
아니 이럴 수가 이게 정녕 내 시험지란 말인가?
쏟아 붓는 비에 나는 몰아치는 비웃음에 나는 아무 생각도 나지 않았어

바람아 나의 바람을 들어줘 구름의 휘파람
이 세상 나의 바람대로 흐르지는 않지만
내게도 살아왔던 노력, 살아갈 수 있는 자유!
인내를 가슴에 담고 살아온 난 쉴 권리가 있어
얼마나 노력해 왔는데 그리 무심할 수 있니?
바람아, 나의 바람아 내 목소리가 들린다면 제발 대답해 줘!

패닉 상태의 나의 마음은 타이타닉 짙은 안개 속을 헤매는 난 쪽배를 탄 방랑자
보이지 않는 어둠 속에서 발버둥 쳐 봐도 아무것도 변하지는 않아
내 숨소리가 들린다면 제발 찾아와 줘 내 목소리가 들린다면 제발 대답해 줘
내 숨소리가 들린다면 내 목소리가 들린다면 내 고통 소리가 들린다면 여기서 꺼내 줘!

이현석 (2010 / 인천시 안남중학교3)

노력에 미치지 못한 시험 성적에 좌절감을 느끼며 바람의 자유를 갈망하는 글귀는 음유 시인 밥 딜런의 노랫말을 떠올리게 한다. 이현석 군의 낭독은 그 표현만큼이나 시적이다.

청국장

외계인과 청국장 나는 모두 좋아한다
외계인을 만나면 청국장을 주고 싶다
청국장을 좋아하는 외계인 그리고
청국장을 좋아하는 지구인
외계인도 자기 별에서 청국장을 먹을까
청국장의 콩은 무슨 콩으로 만들까
우리 집에 초대해서 청국장을 먹여 주고 싶다
엄마가 만든 콩 듬뿍 느끼 담백한 청국장을 듬뿍
엄마가 만든 게 내가 말한 것과 다르다면
그건 아마 엄마가 그를 보고 놀라서 평소 실력이 발휘되지 못했기 때문에 그럴 거다
외계인은 청국장을 먹고 답례로 나도 자기 별에 초대해 줄까?
외계인이 타고 다니는 우주선은 어떨까
인디펜던스데이의 거대한 모선일까
우주 전쟁의 다리 3개 달린 외계 물체일까
혹시 청국장을 좋아하면 청국장 그릇 같은 비행접시 같은 것일까
외계인과 청국장 나는 모두 좋아한다
외계인을 만나면 청국장을 주고 싶다

김보성 (2010 / 인천시 안남중학교3)

수업 동안에 구체적인 소재를 잡지 못해 답답해하던 중, 외계인이라는 관심사와 좋아하는 음식인 청국장을 이끌어 내어 개성 만점의 글이 완성되었다. 김보성 군은 미소가 만연한 얼굴로 낭독을 해서 발표회의 분위기를 화사하게 만들었다.

백수의 꿈

오늘도 1시나 돼야 잠이 들고 1시나 돼야 일어나
친구들은 피곤에 찌들어 직장 생활에 찌들어 살지만
나는 단칸방에 세 들어 살아 눈칫밥만 늘어나
우리 부모님은 나를 포기한 지 오래 친구들은 술이나 한잔하러 오래
지갑을 털어 봤자 나오는 건 동전 하나 500원 짜리 동전 하나
친구들을 만났을 때 눈이 부셔 거울을 보니 나오는 건 한숨뿐
친구들은 면접 볼 때 난 가사를 쓰고 친구들은 일을 할 때 난 랩을 해
내 하루하루는 도토리 키 재기 질릴 법도 하지만 어쩔 수 없지
그래도 난 쓰러지지 않아 넘어지지 않아 넘어질 때마다
날 일으켜 세워 준 건 음악 내 심장을 울리는 음악
밤마다 이어폰을 꽂고 꿈을 꿔
춤을 추고 매일매일 춤을 추고 반복되는 일상에서 난 무대에 올라
무대 위에선 스피드를 뽐내면서 무지 멋있네
사람들이 내 음악을 들으면서 즐거워하네

익명 (2010 / 인천시 안남중학교)

자신의 미래를 백수에 빗대어 지금의 일처럼 써 내려갔다. 경쟁에서 뒤처진 청소년들이 상상하는 미래는 때론 지나치게 암울하다. 패배감의 표현이 부담스러운 탓인지 '익명'을 요청했지만, 음악을 위안 삼는 그의 의지는 절망을 훌쩍 뛰어넘는다.

# 검정 비닐봉지

랩을 위해 처음 잡은 펜, 미약하고 서툴지만
내 가슴에 열정으로 하하 나를 표현해 보겠어
나는 북한이 아니라서 개성이 없지, 마치 검정 비닐봉지 같아
그 있잖아, 발에 채이는 흔하디흔한 검정 비닐봉지 말이야
다들 무시하고 얕보지, 막 버리지, 이 가치를 모르지
하지만 들어 봐 이 감춰진 검정 봉지의 가치
자신이 가진 것들을 마구 알리고 싶어 한
미천한 미쳐 날뛰는 자들과는 다르지
상상은 하는데 생각을 못한 자들과는 다르지
검정! 속을 볼 수가 없잖아
보물 같은 나의 모든 것을 감춰 줄 수 있잖아
마치 내 어릴 적 부모님이 사 오신 선물이 담긴 봉지
내 생에 설렘을 처음 알려 준 검정 봉지
단지 봉지가 봉지가 아냐, 나보단 내 내면을 봐,
봐 봐도 날 보잖아 날 말고 내면을 봐
남들과 평범함과의 차이, 볼 때마다 달라지는 이 느낌
모두를 끌어당기는 이 느낌
제대로 당긴 랩 방아쇠 내 랩 듣고 못 느끼는 게 바로 불감증
난 내 안에 잠재된 가치 있는 것들을 필요 없는 것들에게 자랑하지 않아
뭐라 해도 내 길을 걷고 말아

곽봉서 a.k.a 봉지 (2011 / 광주시 금호고등학교2)

검정 비닐봉지를 자신의 상징물로 내세운 것은 과감한 시도다. 무시받는 검정 봉지의 가치를 이끌어 내는 반전의 묘미 또한 명쾌하고 시원하다. 봉지 군의 목소리는 철학적인 색채가 다분해 장난스런 친구들의 산만함을 금세 잠재웠다.

고3이 태평해

나는 수능을 111일 앞둔 고3
오늘 하루 여기에 바치기로 했어
엄마는 투덜대 고3이 태평해
왜 괜히 시간만 낭비하러 가냐고
하지만 내 생각은 그건 아니야
몇 배 몇 배 값진 것을 얻어 낼 수 있어
그게 설사 좋은 성적이 아니더라도
밤을 지새우며 넘기는 책장들이
훗날 커서 좋은 추억으로 남을 테니
제일 만족스러운 건 랩하는 이 순간
이런 기회는 아무 때나 오는 건 아니야
길고 답답한 고3 입시 경쟁 속에
머릿속을 뚫어 주는 힙합을 만나
내일 아침 걱정 따윈 안 할 것 같아
공부의 권태기에 빠진 너희들에게
지금 나의 랩을 권할 테니, 나는 랩으로 시를
내뱉는 유기농 퇴비 같은, 택이

오충택 a.k.a 택이 (2011 / 광주시 금호고등학교3)

입시를 걱정하는 엄마의 불만은 아들의 마음을 콕콕 찌른다. 아들은 잠시 입시 공부를 멈추고 밤새 책을 읽는 도서관 연중행사에 참여 중이다. 어쩌면, 엄마의 볼멘소리가 있기에 더 소중한 추억이 탄생한 것이다. 마지막 문장에서 '권태기'를 시작으로 쏟아지는 라임에선 탄성이 쏟아졌다.

 업은 아이 말도 귀담아 들으란 말

난 평범한 중학생
이런 나에게도 불만이 하나 있어
어른들은 우리가 말대답을 하면 버릇없다 하지
옛말에 업은 아이 말도 귀담아 들으란 말이 있어
하지만 어른들은 우리 말을 수시로 무시하고 귀담아듣질 않아
우리들도 말할 권리 있어!
오히려 우리가 더 지혜롭고 어른들은 어리석을 때가 있어
특히 정치계에선 어른들이 쇼! 쇼! 쇼를 하고 있어
학교에선 선생님들이 학생들을 숫! 숫! 숫자로만 이끌어
우리가 원하는 건 모두 없애고 없애
오직 배려 없는 100점만을 원하고 원해
그 때문에 자살까지 하려 드는 내 또래까지 있다고!
이 나라만 그런 건지 전 세계가 그런 건지 잘 모르겠어 이건 뭔지
이 나라는 다른 나라보다 더 심해
여기 있는 나란 학생은 그냥 앞으로 나란히! 나란히!
하지만 명심해! 이 세상의 미래는 어른들의 것이 아니라
나 같은 학생들의 것이란 걸!

강성혁 (2011 / 서귀포시 성산중학교1)

 대중음악보다 클래식을 좋아한다는 강성혁 군은 힙합을 낯설어했다. 그러나 자신의 주장을 펼칠 수 있다는 점에 매력을 느끼자 어른들에게 전하는 따끔한 충고를 술술 써 내려갔다. 직설적인 랩의 묘미가 살아 있는 글이다.

나는 이런 사회 반대

Yo, 지금부터 나의 랩을 들어 봐
마치 촛불처럼 불안한 나의 목소리
하지만 노력에 박수쳐
나이 열여섯, 학교라는 지옥에 갇혀 있어
이 시대를 살아가는 모든 국민들
교과서에 나오는 공부가 다라고 생각하나요?
그것은 오산, 자기 재능을 살리지 못한 어른들의 오만
어른들도 이런 사회의 피해자
하루 종일 책만 붙잡기보다 내 꿈을 붙잡고 싶죠
우리 무한 경쟁 사회
어쩔 수 없이 사람을 밟고 올라서라
살인보다 무섭죠 죽음을 부르죠
사람 잡는 죠스보다 무섭죠
나는 내 친구와 랩을 즐기고 싶어
우리는 공부만 하는 벌레가 아니야
우리는 시험만 보는 기계가 아니야
나는 이런 사회 반대
내 재능 펼치고 말거야!

하명수 (2012 / 대구시 동평중학교3)

무대 위에서 발표한다니 곤란한 표정이 가득했다. 그 걱정으로 문장 초반부터 촛불처럼 불안한 마음이 흔들린다. 그런데 막상 마이크 앞에선 신이 났다. 어른들도 하명수 군의 불만을 흔쾌히 받아들이며 고개를 끄덕였다.

 ## 킥복싱에 이젠 힙합까지

한숨 제대로 잔 적 없어 연합고사 때문에
한 달이 넘게 공부만 하고 마음대로 한 번 쉬려는데
나도 모르게 딱 아홉 날만 쉰다고 말해 버렸어
아뿔싸!
방학 중엔 예비 교실 머리가 지끈
필요한 건지 안 한 건지 반신반의
매일 아빠는 날 데리고 킥복싱
복장이 어색해서 몸이 굳어 버린 이 기분
토요일 일요일 달력 색깔만 빨간색
과외 선생님은 빨간색 연필을 들고 파란색 문제집을 내 눈 앞에
이제는 화요일엔 힙합 수업까지!
어디까지 날 바꾸려 하는가
나는 이대로가 좋은데
그래도 운동 덕인가 비염도 조금 덜해졌고
문제집 빗줄기는 점점 줄어들고
설날 세뱃돈은 껑충 뛰었네
난 헷갈려 무엇이 맞는지 구별이 엇갈려
소극적 성격 고쳐 보려 보는 게 어떨까도 하지만,
주위의 압박에 나는 때로 아파
날 챙겨 주는 고마움은 알지만 과연 날 제대로 알고나
있는 건지 잘 몰라
결국 내가 나를 지켜보며 다짐할 수밖에

양준원 (2012 / 제주시 학교 비공개)

 소극적인 성격을 염려한 어머니가 아들을 랩 수업으로 인도했다. 당사자는 자신을 변화시키려는 시도가 억지스럽고 마땅치 않다. 어찌해야 하나? 순간 난감했다. 그 압박을 랩으로 해소하도록 도울 수밖에. 원치 않는 수업을 들으면서도 발표까지 훌륭히 마친 양준원 군에게 감사할 따름이다.

철부지

Yo, 내 이름은 고성재 힙합할 때는 큰 먼지
주체할 수 없는 끼와 재능으로 뭉쳐 있지
장난이 심하고 진지하지 않은 게 단점
수수한 옷차림에 남부럽지 않은 키가 장점
쉽게 친해질 수 있는 성격과 웃기는 행동을 하는 키다리
여전히 노는 걸 좋아하는 고등학교 1학년 철부지
5학년 철부지 땐, 반짱이랑 교실에서 한 판 붙어 엉망진창
그 뒤로 난 튀기 싫어 먼지 같은 생활을 했어
이게 내 a.k.a 큰 먼지의 유래야
공부할 때 기분은 우울해 하지만
야구할 때 기분은 짜릿하지
변화구는 못 던져, 직구로만 승부하는 중계 투수
그리고 심심할 때 읽는 만화책들은 나의 지식 창고
또 다른 세계로 뛰어드는 보물 창고
마지막으로 읽은 건 초록색 표지가 돋보이는 팔레스타인
전쟁은 끝날 거야, 라고 말했나 아인슈타인
하지만, 그곳엔 여전히 총칼 싸움이 계속돼
이스라엘의 분리 장벽은 쉴 새 없이 연속돼

고성재 a.k.a 큰 먼지 (2012 / 제주시 한림공업고등학교1)

장난이 싸움으로 번지기 십상인 철부지. 그가 읽고 있는 만화책은 의외였다.
팔레스타인의 아픔을 전하는 작품이었다. 튀기 싫어 먼지 같은 생활을 해 왔다지만, 글쎄…
중저음의 멋진 목소리는 마이크 앞에서 더욱 돋보였다.

세상살이

나 그렇게 내세울 것 없는 놈
소극적이어서 남들처럼 자신감 있게 표현을 못해
나도 때로는 자신감 있게 내 모든 걸 보여 주고 싶어
나이는 한 살 한 살 먹어 가는데 마음은 점점 점점 여려지네
알바로 사회 경험을 조금 해 봤지, '근고기' 세상
세상살이가 쉽지 않다는 걸 조금이나마 깨달았어
한 달 채우고 그만 뒀어 너무 힘들어서
2주 동안 놀았지 빈둥빈둥
오히려 그게 더 고통이었어 피둥피둥
백수가 된 느낌
두 번째 알바 난 최선을 다 했지만 이틀 만에 잘리고 말았어
바늘에 실 꿰는 게 너무 느려서 번번이 실패
이제 다시 집으로 돌아가야 해
자, 이번엔 제대로 찾아보겠어
내가 하고 싶은 것 또 좋아하는 것
학업에 신경을 써야 할 때이지만 그건 나중 문제
그때가서 잘 할 거니까
지금은 나를 좀 더 관찰해야 할 때 나 자신을 좀 더
학대해서라도 날 더 확대해야 해
때론 지치고 힘들지라도
나의 길을 찾아 지금 당장 떠나가겠어
그것이 힙합이든 무엇이든 이것저것 다
건드려 보며 경험을 쌓아갈 때!

조유민 (2012 / 제주시 대기고3 졸업반)

고등학교 졸업을 앞두고 시작한 아르바이트가 생각처럼 호락호락하지 않았다.
연달아 실패하고 나니 자신감이 확 줄었다. 그래도, 힘내자. 힙합을 들으면서, 랩을 즐기면서!
조유민 군은 현재 열심히 아르바이트를 하며 제주의 힙합 모임에서 활동 중이다.

날개

늘 그랬듯 그럴 듯했던 시작
그 시작에 머물러 더 이상 나아가지 못했던 의미 없는 심장
내게 보이는 건 이미 저만치 앞서 나간 이들의 뒷모습이니
맑은 날씨와는 달라 내 마음은 먹먹하게 다가와
남들처럼 무언가를 원하고도 싶고
몰두해 보고도 싶지만
나에겐 너무나 어렵기만 한 수학 공식 같달까
혼자가 익숙해, 맘 편히 털어 놓을 사람도 모두 버렸어
뭐가 그렇게 두려운데
뭐가 그렇게 어려운데
이런 내 모습에서 벗어나고 싶어
내가 지쳐서 주저앉기 전에
지금 잡은 펜마저 놓아 버리기 전에
내 영혼을 흔들어 깨워 줬음 좋겠어
얼마나 더 아파야 고통은 더뎌질까
앞으로 얼마나 더 버티면 힘센 날개가 돋아날까
유난히 맑은 오늘 하늘, 소리 내어 날고 싶은데.

고아름 (2012 / 제주시 탈학교 청소년)

 자신의 뜻대로 고등학교에 진학하지 않고 검정고시를 준비하는 학생에게도 미래에 대한 두려움은 버겁기만 하다. 학교에 다니는 아이들에 비해 한참 뒤처지는 건 아닐지….
숨어 있는 날개의 존재를 알고 있기에 오늘을 견뎌 낼 수 있다.

변화의 시간

뉴스를 보다 아이돌 가수에 대한 이야기를 들었지
가수만 되면 보다 좋을 줄만 알았는데 그건 아니었던 거야
14살 소녀의 꿈이란 건 결국
팬들이란 무성한 울타리에 꾹 가려진 환상에 불과했어
진실은 알지 못하고 늪에 빠져 허우적거렸어
지금은 그게 아닌 걸 나는 예전과 같지 않은걸
아하, 넌 어떻게 생각하니? 지금 이곳이 마냥 행복하니?
사람의 마음 따윈 저 멀리 날려 버린
그저 여우 사냥만 하는 현실, 돈으로 덕지덕지 포장된 허와 실
이 컴컴한 동굴 안에서 환한 빛을 볼 수나 있을까
난 화가 나 어느 누구에겐 넘치는 기회가
어느 누구에겐 넘을 수 없는 기회가
난 무대에서 별처럼 반짝여 보지도 못하고 거품처럼 사라져야 하나
새로운 세상을 만들고 싶어 비록 헛된 생각이라 해도 도저히 견딜 수 없어
거기 넘어져 울고 있는 그대 포기하지 말고 나와 다시 시작해 그래,
차별하는 현실에 당당히 맞서 변화시켜야 할 시간이 다급히 왔어
우린 할 수 있어 포기란 배추를 담글 때나 쓰는 거야.

신혜수 (2012 / 서귀포시 성산중학교 1)

아이돌 가수가 되고 싶은 꿈은 14살 소녀를 현실의 자각으로 이끌었다. 정의롭지 못해 못마땅한 모습들. 스스로 알쏭달쏭한 물음을 끊임없이 만들어 낸다. 새로운 세상을 꿈꾸게 하는 변화의 힘이 시작됐다.

 ## 불량아

저기 저 엄마 친구 딸은 언제나 최고, 좋은 딸 두셨어요
난 놀기만 좋아하는 불량아, 영어 공부는 내일하고, 수학 공부는 다음 달부터
뭐 어때 밤 12시까지 공부하고 있을 따님은 열심히 하세요
내 등수는 바닥과 가까워 내 마음은 바다와 가까워
셀 수 없이 바라본 바다인데 오늘따라 더 빛나 보여
바다 속으로 뛰어들어 전력 질주
반짝이는 바다 앞에서 난 저녁의 진주
허기진 배 편의점에서 수다를 떨다 단단해진 우정으로 배가 불렀던 그때
하루가 급하다는 어른들은 내게 소리쳐
난 구름을 높이 타고 날아올라 소리쳐
친구들아 전해 내가 왔다고 새로운 곳 찾아 떠날 준비가 됐냐고
흔들흔들 외나무다리 같아 불안해도
한 발 한 발 걷다 보면 어느 새 우린 할 수 있어
함께 있는 것만으로 뿌듯해 우정으로 채워진 시간이 가득해
SAY 오 SAY 예 SAY 오예나 (X 2) 소리 질러!

오예나 (2012 / 서귀포시 성산중학교 1)

 한번 연필을 들었다 하면 열 줄은 금방 채우는 오예나 양. 공부를 게을리하고 친구들과 바다로 달려가는 탓에 자신을 불량아로 여기지만, 발랄한 감성과 지칠 줄 모르는 활기는 누구보다 최고!

 ## 난 괜찮아

어려서부터 우리 집은 가난했었고,
G.O.D 의 노래처럼 나도 그랬고
날 위해 돈을 벌어야만 하는 할머니의 밭일은 고단했어
8살, 생떼를 부려 태권도 학원을 다녀 본 게 내가 다닌 학원의 전부였어
초등학교 5학년 때 간신히 학원을 등록한 적도 있었지만
그땐 나도 모르게 남의 물건에 손을 대고 말았지 오……
일주일 만에 난 쫓겨났어 오……
엄마는 그런 나에게 기대를 걸고 있지
미안한 마음이 들락날락 열심히 해 봐도 성적은 오르락내리락
생각만큼 쉽지는 않지만
침대를 의자 삼아 책상 앞에 앉지만
좋아하는 드럼도 자주 연습할 순 없지만
괜찮아 난, 잘하고 있는 것 같아
'태건'은 '태연'하게 '대건'해질 거야 희망은 이제부터야
국어가 좀 어렵긴 해도

김태건 (2012 / 서귀포시 성산중학교 1)

 힙합의 원칙, 자신의 환경과 지나간 잘못을 전전긍긍 숨기지 말고 지금의 진짜 나를 증명하라. 김태건 군의 과감한 자기 고백과 어려움 속에 피어난 낙천성은 그 자체로 힙합이다. 좋아하는 드럼도 놓치지 않았으면!

내게 그런 핑계 대지마

왜 우리나라는
19세 이상의 사람들만
대통령 선거를 할 수 있는지 모르겠어
초등학교 중학교 고등학교 학생들도
선거를 할 수 있어야 한다고 생각해
어른들은 말하지
우리가 선거를 하면 그냥 아무나 뽑는다고
생각하는 것 같은데 내 생각은 달라
내 친구들은 요새 여러 가지 사건으로
대통령이 얼마나 중요한 건지 깨닫게 되었고
선거라는 게 얼마나 중요한 건지
잘 알고 있기 때문에 아무나 뽑는다는
어른들의 생각은
핑계 밖에 되지 않는 것 같아
입장 바꿔 생각을 해봐

강한결 (2015/보물섬학교 5)

강한결 군의 낭독에 모두 활짝 웃으며 박수를 보냈다. 하지만, 그 박수 소리에는 '어린 학생이 어울리지 않는 말을 하는 것 같아 기특하다.'는 편견도 들어있다. 초등학교 5학년은 충분히 세상 돌아가는 일에 관심을 기울이고 자신의 의견을 표출하고 싶은 나이다. 마무리 문장에선 배경 스크린에 <핑계>를 부르고 있는 가수 김건모의 사진을 띄워 유머를 더했다.

 ## 일회용품은 멀리 멀리

한강이란 강가에서 숨을 멈춰버린 물고기들
사람들은 '어머'하고 놀라는 광경이지만
이 사람들 저 사람들의 손에는 일회용품이 들려있어
안 쓸 수는 없다고 투덜 투덜 투덜거리지만
노력도 채 안 해봤잖아
사실 나도 그 사람들 중에 하나인가 봐
쓰면 안 된다고 하면서 나무젓가락으로
짜장면을 비비고, 플라스틱 숟가락으로 죽을 비비고
오른손으로 비비고 왼손으로 비비고
안 쓰려고 노력은 하는데 편한 걸 어떡해
딱 일주일 동안은 일회용품을 안 쓰는 것을
성공했는데 짜장면한테는 대실패
괜히 짜장면 먹자고 한 아빠가 괘씸해
짜장면 먹을 때마다 미안함이 느껴져
어차피 나만 그런 거 아니니까라는 생각이 들다가도
비비다보면 어, 나 하나라도 지켜야 하는데 라는
생각이 떠올라
새우가 들어간 죽도 똑같아
반 동그라미 모양의 새우 몸 틈새로 보이는
플라스틱 숟가락이 보기가 싫어서
빨리 숟가락과 함께 새우를 입에 넣어 버리곤 해
집에서는 짜장면이 나를 괴롭히고
학교에서는 실과가 나를 괴롭히고
환경지수를 표시하라는 항목들
나무젓가락과 같은 일회용품 사용을 묻는
3번에선 급 당황!

마음에 찔리지만 칭찬받을 욕심에 매우 아님을
선택하고 말았지
오늘 지구의 날부터 일회용품은 멀리 멀리

김서영 (2013/ 서울안산초등학교 6)

 <서울 지구의 날> 거리 행사에서 발표한 낭독이다. 거의 매 줄마다 사람들의 환호성이 터져 나왔다. 생생한 상황 묘사 덕분에 일회용품을 쓰지 않으려는 애틋함은 읽는 내내 요동치고 꿈틀거렸다. '대실패'와 '괘씸해'의 라임에선 폭발적인 반응이 있었다.

 ## 학교 가는 날

곧 개학이네 학교 다시 가야해
아 학교가기 싫어 준비는 다했는데
조심스럽게 내려 놓을래 내 책가방
조심스럽게 엄마한테 말해 나 배 아파
엄마는 내게 말하지 잔머리 굴릴 시간에
니 머리나 좀 빗어
교복 단정히 명찰도 매고 얼굴엔 로션만
립밤 정도는 괜찮겠지 촉촉하게
교실로 들어가기 전에 앞문을 똑똑할게
내가 등장과 동시에 친구들은 말해 노래할래?
아니 잠깐 목만 풀고 부를게 도도하게.

"이제는 바래진 우리의 봄날
그리다 그리다가
번져 수없이 다시 그리고
오 난 우리의 봄날에 다가온
계절이 무색하게 난
다시 봄을 그린다."
어반자카파 <봄을 그리다>

고예슬 (2015/제주여자상업고2)

 솔직하고 담백한 문장들로 호응이 좋았다. 특히, 엄마의 매서운 눈치에선 공감의 웃음소리가 여기저기 흘러나왔다. 낭독의 마지막은 무반주 노래로 이어졌고, 글 내용과 노래 가사는 서로 이질적인데도 하나의 작품으로 잘 어울렸다. 마치 연기와 노래를 하나로 합친 짧은 단막극 같았다.

 ## 머나먼 나의 항해

꿈을 잃고 밑바닥에서 허우적대며
잡았던 믿음의 끝자락에서
결국 내가 얻은 것은 배신감뿐.
가뿐하게 털고 일어서기에는 힘들었어.
꽤나 괜한 짓으로 한 순간에 모든 것을 잃고 빈손이 됐어.
마치 전쟁이나 재난 사막의 한가운데 홀로 남겨진 듯이 삭막해
휘청거릴 때도 손을 내밀어 주신 부모님의 변함없는 태도
난 아직 어린가봐
또 다시 주저앉아 버리네 그래 맞아
어른아이. 몸만 훌쩍 커버린 어린애.
이제는 일어서야 할 때 툭툭 털고
일어나서 앞으로 나아갈게.
나의 미래를 향해 시작해 볼게.
꿈을 찾아서 머나먼 나의 항해.

익명 (2015/소년원 수감청소년)

 래퍼 술래와 함께 소년원에서 진행한 <존중과 화합의 힙합스쿨>에서 나온 고백이다. 힙합 수업은 시작부터 인기가 좋았다. 그중 랩을 쓰고 싶어 하는 몇 명은 강제로 짧게 깎은 머리와 생활 체육복을 개의치 않고 시인으로 돌변했다. 몇 번이나 고쳐 쓰고 지워버린 문장의 흔적들은 사진으로 남아있다.

랩으로 인문학 하기

2017년 1월 2일   개정판 1쇄 펴냄
2024년 6월 20일   개정판 7쇄 펴냄

지은이   박하재홍
펴낸이   이미경

기획 편집 이미경
디자인   류지혜
일러스트 구름그림
제작   올인피앤비

펴낸곳   도서출판 슬로비
            등록 제2013-000148호
            전화 070-4413-3037
            이메일 slobbiebook@naver.com
            블로그 blog.naver.com/slobbiebook

ISBN   979-11-87135-06-7 (03670)

- 2012년 출간한 같은 제목 책을 개정·증보하여 펴냈습니다.
- 이 책에 실린 글과 그림을 재사용하려면 도서출판 슬로비의 서면 동의를 받아야 합니다.